家時間が楽しくなる ラク家事のアイデア帳

田中由美子

マイナビ

prologue

この本では、日本一(?)ズボラで家事の苦手な私が、家族とごきげんに過ごすため、日々実践しているささやかな工夫をご紹介しています。

元々片づけが苦手で、独身時代は汚部屋暮らしも経験。片づけだけでなく、料理や掃除、洗濯など家事全般のモチベーションが保てず、結婚後はだましだまし乗りきってきました。今年5歳になる息子がいますが、子育ても失敗↓反省の繰り返しで、もがいている最中です。

そんなとき、マイホーム購入をきっかけにライフオーガナイズ(アメリカ生まれの整理術)に出会い、自分と向き合うことの大切さを痛感。長年認められなかった自分の「苦手」や「ダメ」を受け入れ、「できないことはがんばることで克服し、できるようにならなきゃいけない」という思い込みを手放しました。すると、片づけをはじめ、家事がラクになって、暮らしが少しずつ回り始めたのです。

いつもピカピカで、キレイに整った部屋でなくてもいい。
いつもおいしくて、豪華な食卓でなくてもいい。

家は本来、家族が楽しく暮らす場所で、家事はそのためのツール。がんばりすぎて、鬼の形相をしていては、家族は気持ちが安らぎません。お母さんが「ごっきげーん!」でニコニコ笑っていれば、夫や子どもは幸せ(なはず!)。

家事の苦手な私が、苦し紛れに生み出したアイデアが、家事のモヤモヤを抱えた方や、「できない」と自分を責めてしんどい方の参考になれば幸いです。

田中由美子

chapter 3
私らしい収納

chapter 4 我が家の子育て

concept

長年家事コンプレックスに苦しんできた私……。自分の気持ちに正直に、自分がやりたい方法で。「家事は自由！」と気がついてから、家事が楽しくなりました。

家事が苦手で、結婚して5年経つ今でも、朝起きると「なんとかやらんですむ方法はないかなー」とサボる口実を考えます。

私は家事が「できない」というより（できないものも多いですが）、「やる気が出ない」タイプ。だから、自分の気持ちを大事にし、やる気が起こるような方法を模索してきました。

まず、世間で正しいとされている「家事の正攻法」のなかで、興味の持てないものはキッパリとやめました。「それって変！」と人に思われても、自分がやりたくなる方法を追求。

また、ダイエットと同じで、「苦手だー」、「つらーい」と思いながら行なうと長続きしないので、「楽しい！」と思えるしかけや道具を用意。何かほかの「好き」なことに集中し、苦手意識を封印している間に、家事をサクッとこなしてしまうのです。

そして、ひとりでがんばってイライラするより、家族に助けてもらうこと。

「な、アレ好きやろ。一緒に作らへん」。「アレやるから、あなたコレやって」。

孤独な家事は、「ひとりじゃない！」と思うことで、ぐんとラクになります。

家事は 形から

かわいいから、使いたい。
カッコいいから、見ていたい。
単純ですが、確実に家事の
モチベーションが上がります。
使い勝手がよくても、見た目が
気に入らなければ、買いません。

家事は 妄想

姑にヤイヤイいわれてがんばる掃除。
シェフになりきって丁寧に作る料理。
現実から離れ、
空想の世界で自分を遊ばせることで、
苦手な家事も
あっという間に終了。

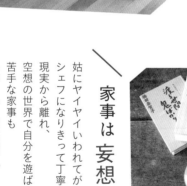

家事はゲーム

単調で退屈な家事は、
的入れゲームやタイムレースなど、
遊びの要素を取り入れて。
○○ゲームと名づけるだけで、
「わーい、僕もー」と
子どもが手伝ってくれます。

家事はおしゃれに

キッチンや洗面所など、
生活感の出る場所ほどおしゃれに。
収納用品にこだわり、
雑貨のように飾ります。
自分が好きな空間を維持しようと、
片づけや掃除欲がアップ！

助かるー！

家事は家族みんなで楽しく！

家事のやる気を下げるのが、自分だけ「やらされている感」。家族みんなで行なうことで、お母さんは、孤独な作業から解放されます。「こうする？」、「ああしよう！」。ささいな会話も、楽しい！

僕はワイパー係♪

田中家のプロフィール

family 家族

お父さん

IT企業に勤める41歳。おだやかな性格で、近所での呼び名は「仏」。身内に尽くすタイプで、家事や育児にも積極的。面倒な片づけも、スイスイこなします。

こうちゃん

幼稚園に通う4歳児。母親に似てお調子者で、争いごとを好まない平和主義者。マイペースでのんびり屋な面も。2歳からおもちゃを管理し始めた片づけ優等生。

お母さん

ノリはずばり「大阪のおばちゃん」。面倒くさがり屋で、家事や片づけが大の苦手。人生「勘と運」で渡り歩く勝負師タイプ。

home 家

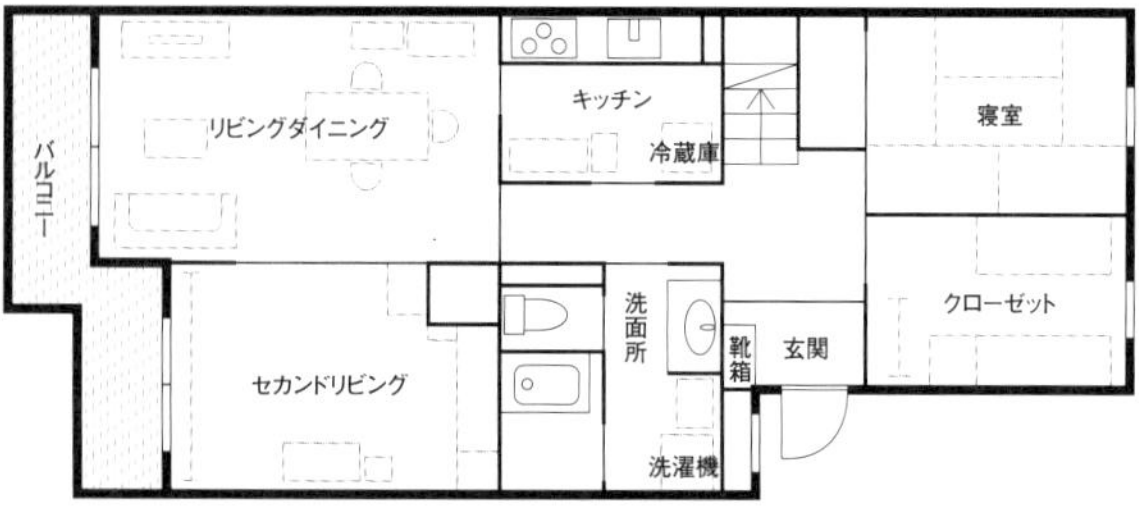

メゾネット式のマンションで約100㎡、5LDK（間取りは下階部分）。生活の中心はリビングダイニングとセカンドリビング。子ども服や幼稚園グッズ、家事の道具を集めて収め、「便利」と「スッキリ」を叶えています。

家事のしかけ

chapter 1

飽きない工夫で家事スイッチをオンに！

左ページの写真は、我が家の朝の「あるある」風景。家族が出かけたら、ソファの座面を跳ね上げてしまいます。「座れない」と思うだけで、だらけモードのスイッチがオフになり、家事のスイッチがオン！

逆にいえば、そうでもしないと家事に気持ちが向かいません。インテリアが好きなので、掃除はまだ好きなほうですが、ほかは全部ダメ。とくに、調理や食器洗いは、１日に何度も繰り返さなくてはならないので、がっかりします。毎日同じことをコツコツ繰り返す、ルーティンワークが苦手なのです。

でも、「毎日コツコツ」を後回しにすると、ツケは全部自分に返ってくるもの。だから、「ここはがんばりどき！」という場面では、強制的に自分を動かす方法を考えています。

そのひとつが、家事の「妄想化」。漫画『ガラスの仮面』をむさぼり読んだ少女時代を思い出し、シェフ役になりきって料理をこなす「私は女優よ戦法」や、いじわるな姑が突然訪ねてきてほこりをチェックする「姑ネチネチ作戦」（P32〜33）。ほかに、時間を計ってのタイムレースや「1枚でどこまで拭けるか!?選手権」（P26〜29）といった「挑戦系」、お気に入りの道具を使いたいがために家事をがんばる「形から入る系」など、飽きない工夫をいっぱい用意。

家事を遊びに変えることで、なんとか毎日を乗りきっています。

忍法、座面ひっくり返しの術！　やることの多い勝負の朝は、座れないよう先手を打っておきます。

１日の家事スケジュール

平日の家事時間は４時間半。
朝に集中して行ない、夜はゆったり過ごします。

6:40	起床、食器を戻す、弁当作り
7:10	朝食
7:30	弁当を詰める、登園準備、洗濯物干し、洗濯(2回目)、朝食後片づけ、身支度、掃除、洗濯物干し(2回目)
9:30 〜	仕事
12:30	昼食
13:30 〜	仕事
16:00	夕食準備
16:30	子どものお迎え、買い物

17:30	夕食作り
18:00	夕食
19:00	フリータイム
19:30	入浴
20:30	絵本の読み聞かせ
21:00	夕食後片づけ、洗濯物たたみ
22:00	メールチェック、あれば仕事
23:00	フリータイム、洗濯予約
24:00	就寝

タブレットは、テレビ台の充電ステーションでこまめに充電。置くだけタイプなら、コードの抜き差しが不要。

洗い物はタブレットと小皿を味方に

　単調で退屈な皿洗いは、家事のなかでいちばんの苦手。そのうえ我が家の独立型キッチンは、ひとり孤独な作業を強いられるので、なかなかキッチンに足が向きません。せめてテレビでも見られれば、気を紛らわせることができるかもしれない……。そう思って、キッチンの壁に棚を取りつけ、海外ドラマや映画が見られるタブレットを置いてみました。

　すると、これが大ヒット！　洗い物タイム＝大好きな海外ドラマ・映画鑑賞となり、それまであんなに腰が重かった皿洗いが嘘のように「今日は何を見ようかなー？」といそいそとキッチンへ。「何をどう洗う」など一切考えず、ひたすらドラマや映画の筋を追い、とにかく手を動かすだけで、いつの間にか洗い物が終わっているのです！　ササッと終わらせたいときは30分ドラマ、ついでに

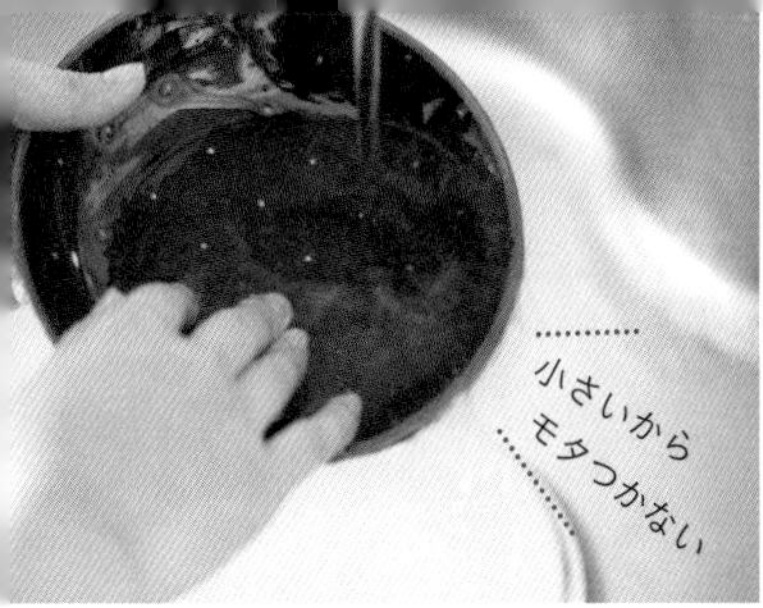

器の多くは直径15cm程度。小さいサイズは扱いやすく、手元を見なくても洗えます。

キッチン掃除をするときは長編映画、と家事の内容によって選ぶのも楽しみに。

この方法、目はタブレットに釘づけで、手元をあまり見ないため、食器選びにポイントが。自分の手に合った大きさが、洗いやすいのです。手の小さな私は、5寸皿、直径15㎝くらいが最適。以前洗う枚数を少なくしようとワンプレート用の大きな皿を買ったことがありますが、重いうえに、手に余ってモタつくため、かえって洗いづらいことを発見。枚数が多くなっても、小さな器のほうがササッと洗えて、私には合っているようです。

1日に何度も繰り返す、面倒な(そしてつまらない!)皿洗い。食洗機を持っていない私は、タブレットと小さな皿が相棒です。

いっぱい持ってちょこまか洗いを回避

家事は面倒でつい手を抜きがちですが、衛生面では人一倍気をつけています。息子が赤ちゃんの頃、原因不明の発疹に悩まされたのが、トラウマになっているのかもしれません。

だから、調理中に洗い物をしたあとは、手をしっかりと洗いたいのです。でもそうすると「道具を洗う↓手を洗う↓道具を洗う↓手を洗う」の繰り返しで、調理が遅れがちに。

毎日のご飯作りは待ったなしなので、同時に使う計量カップやざるなどは、少し多めに持つようにしています。そうすることで、道具をいちいち洗わずにすみ、料理を「作る」ことだけに集中。道具は次々と取り出して使い、全部の調理がすんだら、一気にまとめて洗っています。

調理の合間に洗い物をすませるというセオリー通りのやり方が自分に合わなければ、キッパリやめてみる。そんな勇気も必要です。

大量に出る洗い物は、お気に入りのゴム手袋でやる気をアップ。白ではなかなかない中厚手は、エステーのもの。

苦手な食器戻しはワゴンで一気に

食器も洗濯物も、「元に戻す」のが苦手な私。食器棚をダイニングに置くと決めたとき、真っ先に買ったのはイタリア製のおしゃれなワゴンでした。私にとって2mの距離は、何度も往復するには長すぎたからです。

洗った食器は軽く水けをきり、ふきんを敷いたワゴンに伏せておけば、自然に乾いて食器を拭く手間がいりません。いわば、自然の食器乾燥機です。乾いた食器は、次に料理を始める前にワゴンごとずるずると引っ張っていって、一気に食器棚へ。空いたワゴンをキッチンに戻し、食後の食器洗いに備えます。

お気に入りのワゴンを引っ張る気分は、カフェの店員？　いや、社食のおばちゃんかも。

どんどん戻す！ ←

全部開けて

戻す順番をシミュレーションしながら、扉や引き出しを開け（右）、一気に戻し入れます（左）。ワゴンを引き寄せて、戻す距離を最短に。

時々掃除

掃除は「1枚でどこまで拭けるか!?選手権」

私は生来「オトク」という言葉に弱く、家事の「ついで」や「一石二鳥」が大好き。だから、ティッシュー枚でも、お役御免になるまで使って、オサラバしたいと考えています。

たとえば、テーブルをちょこっと拭いたウェットティッシュ。キッチンのゴミ箱に捨てに行くついでに、道中にあるものを拭いてしまいます。パパッと面を折り返しながら、テーブル↓食器棚↓ゴミ箱と進んでポイ。ツツツーと拭いて通るだけなら、歩くのとなんら変わりはありません。なのに、キレイになっている！　という「オトク」感が癖になり、今では我が家のキレイを支える小さな習慣に。

１枚を使いきった爽快感も手伝って、気まぐれに「どこまで拭けるかなー？」と挑戦中です。

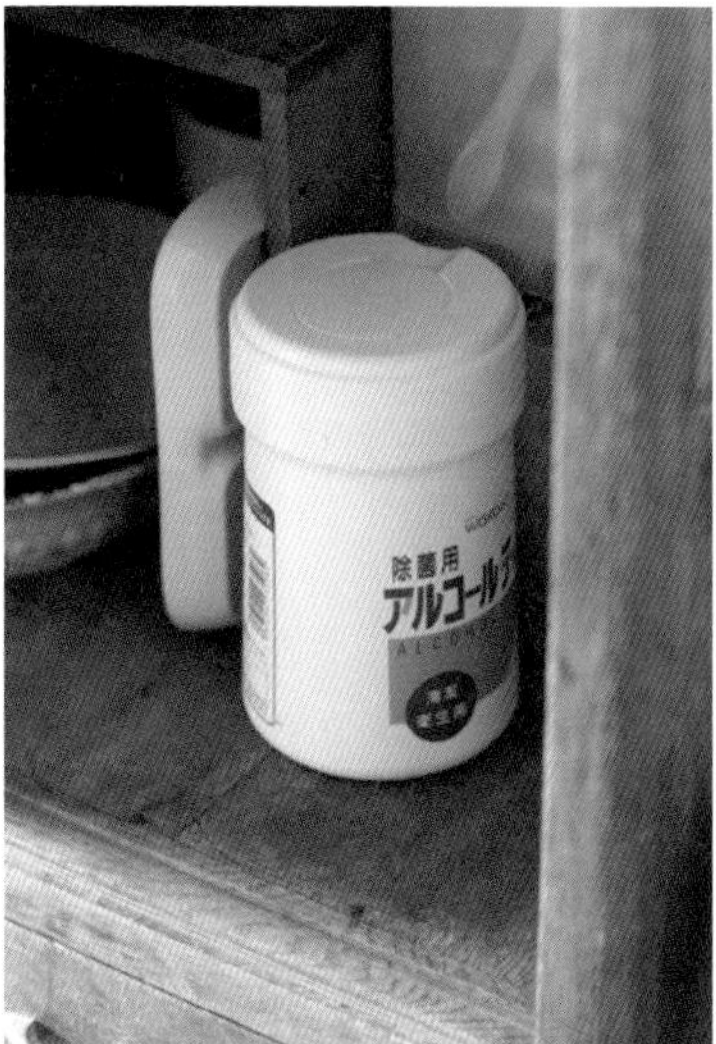

ウェットティッシュは、テーブル後ろの食器棚に。すぐ手に取れることで「今日選手権やっちゃう？」という気分に。

☞ ウェットティッシュ一枚で

テーブルを拭いたら❶、次は食器棚。ほこりが溜まりやすい引き戸の桟をスイーッとひとなでし❷、キッチンに進みます。ゴミ箱のフタをヒョイヒョイとなで❸、ペダルを拭いて❹処分。

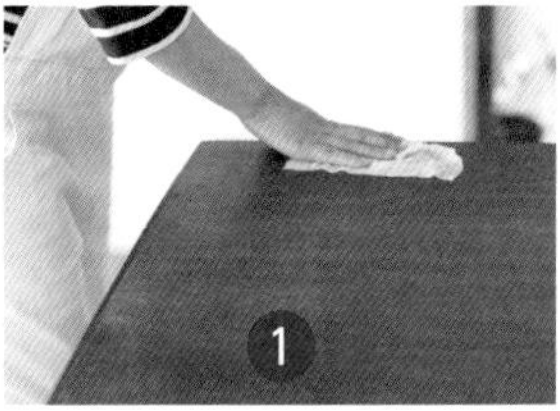

↓

↓

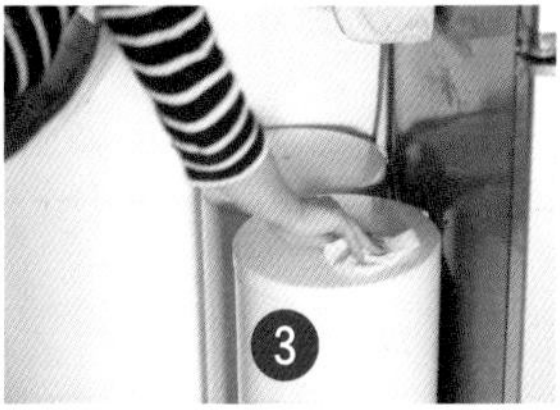

↓

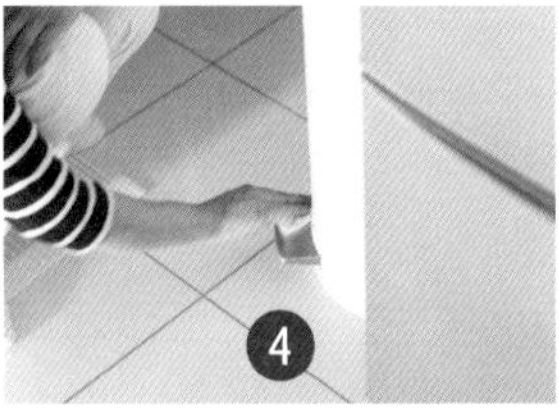

☞ウエス一枚で

ウエスで、物干し竿→手すり→室外機の上→網戸の外側の順に拭いて処分。欲張らず、ウエスが真っ黒になったら、掃除は終わり。

洗濯機横のウエス収納。洗濯が終わったら、洗濯物をバルコニーに運ぶついでに、濡らしたウエスを持って行きます。

目立つ汚れは毎日キレイに

私にとって、掃除の目的は心の平穏を保つため。心の平穏は家事のやる気につながるので、とても重要なのです。

とはいえ、毎日部屋の隅々まで掃除をするのは絶対にムリ！　だから、私のなかで「ここだけやればＯＫ」なポイントを決めています。その場所の掃除をすませると、目に見える「スッキリ感」が違うのです！

ゴミが目につくポイントは3箇所で、ひとつは室内物干しの下。ここで洗濯物を洗濯ハンガーに吊るすのですが、衣服をさばくときに糸クズや繊維クズがけっこう出るのです。洗濯はほぼ毎日2回行なうので、そのつど処理しないとどんどん溜まっていきます。

　2つ目はダイニングテーブルの椅子の脚元で、たいていがパンクズ。3つ目は洗面所の床で、髪の毛やゴミを気づいた時点でコードレス掃除機を使ってササッと掃除します。

　時々は、パンクズバラマキ犯＝息子に、「ちょっとここ、やっといてー」と頼むことも。家電好きの息子は案外楽しそうで、「ハイハーイ」と掃除機片手に飛んできます。

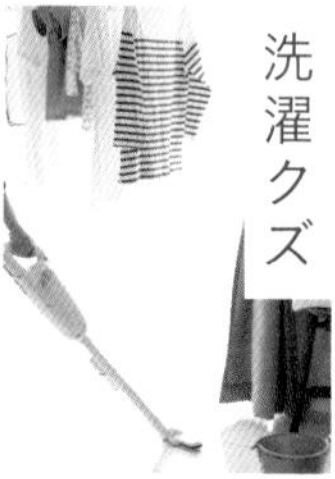

右、下)洗面所とセカンドリビングの床は白。幸か不幸かゴミが目立つ→見逃せない→「やらなしゃーない」と思って、体が自然に反応。左)パンクズは、ヘリンボーン床への愛情が、掃除へと向かわせます。

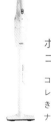

ポイントがけに便利なコードレス掃除機

コードの抜き差しが不要なコードレス掃除機なら、あちこち移動できてラク。マキタの充電式クリーナーは、子どもでも持てる軽さ。

週1掃除

妄想型「姑ネチネチ作戦」で楽勝！

我が家には週に1回、いじわるなお姑さんがやってきます。私が掃除するそばから、巾木や桟を指で触ってチェックするのです。

「あ〜ら由美子さん、ここにもほこりが」。

「お母さま、す、すみませーん！」。

もちろん、妄想上の話ですが、来客前など他人の目を意識すると不思議と家がキレイになりますよね。「ええかっこしい」の私は、人によく見られたいと思う気持ちを逆手に取って、掃除のやる気につなげています。

普段は見て見ぬふりをしがちな隅っこを、ノズルを替えて掃除したり、ハイパワーの掃除機を導入して念入りに吸引したり。

この作戦があるから、普段は部屋を丸く掃除してもOK。そう自分を納得させることで、掃除の義務感が減り、ラクになりました。

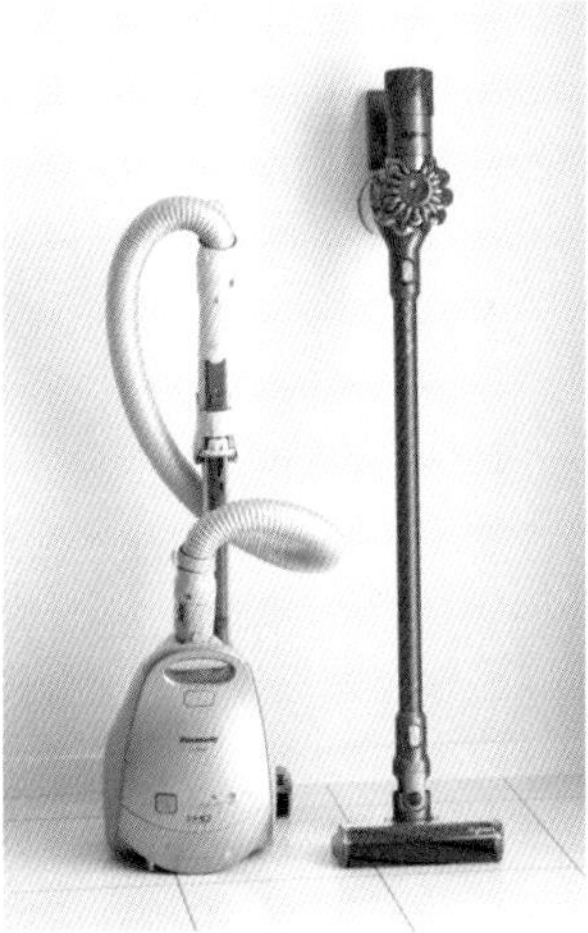

ソファやラグなど布物の吸引はダイソン(右)、部屋の隅々まで念入りにかけるときはコードつき(左)を使用。

時々掃除

日によって目線を変えてみよう！

ある日、踏み台の上から照明の傘を見たときのこと。普段は気づかない汚れを発見し、目線を変える大切さを知りました。

「上から目線」の日は、家具の上やエアコンのほこりをハンディモップで払い、手が届くところはウエスで水拭き。「下から目線」の日は、巾木や家具の脚についた汚れをチェック。ウエスとセスキ水で拭き上げます。

ポイントは、「今日は上から」と決めたら、そこだけにすること。いつも同じ場所でないのが気分転換になり、飽きずに続けられるのです。この「目線作戦」が効果を発揮するのは大掃除で、「なんや、思ったほど汚れてないやん！」とちょっと得した気分になります。

「上から目線」な道具

ネックの角度が変えられる「マイクロファイバーミニハンディモップ伸縮タイプ」（無印良品）で、ラクチン掃除。

「下から目線」な道具

2度拭きなしの「セスキの【激落ちくん】320ml」（レック）なら、ウエスにスプレーし、キュキュッと拭くだけ。

あとあとラクな洗濯物の干し方

仕事を始めて家事の時短化を決めたとき、真っ先に見直したのは洗濯でした。毎日の洗濯で、「なんか干しづらい」、「たたむのが億劫」など、小さなストレスを感じ、ムダが潜んでいるように思えたからです。

まず、手始めにピンチハンガーに干していたタオルを物干しスタンドに変更。すると、「ピンチを外す↓かごに取り込む↓たたむ」という一連の流れが、「スッと引き抜く↓スタンドの上でたたむ」になり、「かごに取り込む」ステップを省略できたのです。もちろん、タオルは表向きに干し、裏返す手間をカット。また、ふきんは、あらかじめ二つ折りにして干し、たたむ回数を減らしました。

なんとなく続けていた方法から、自分流を見つけることで、時短につながっています。

ちょい干しに便利な
コンパクト物干し

室内で使っても邪魔にならない大きさと、しっかりとしたつくりがお気に入り。ランドリースタンド／大木製作所

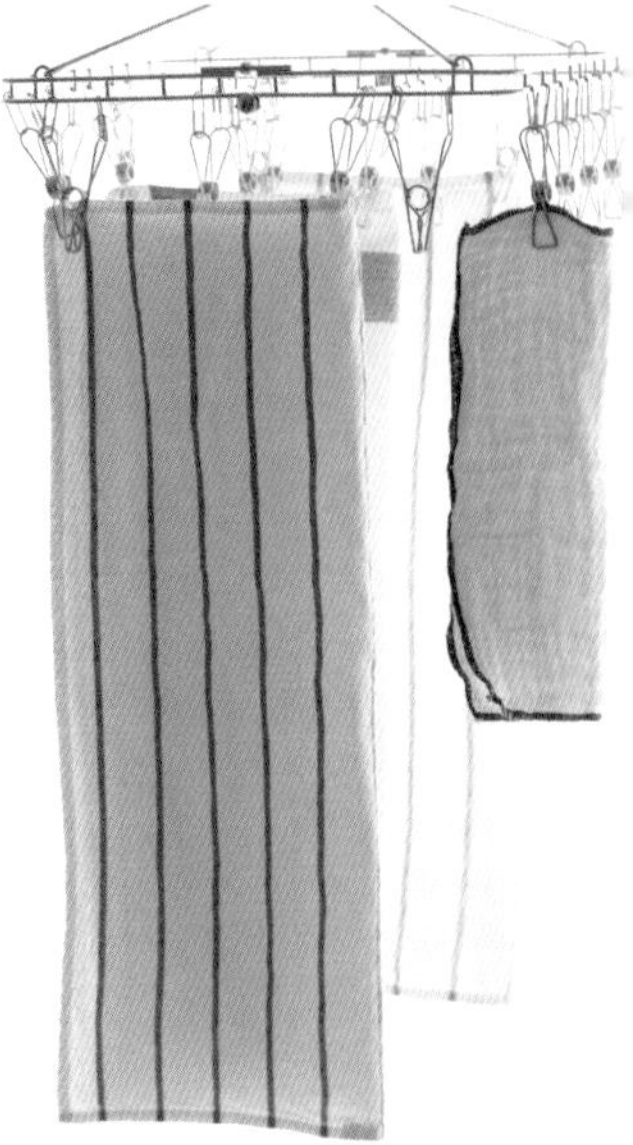

ハンガーやピンチをボックスにまとめれば、出すのもしまうのも1度でOK。普段は死角に置いて、来客時は収納場所に。

たたみ待ちを作らない優秀室内干し

我が家では、雨の日に活躍する室内物干しが、1年中稼働しています。

私は紫外線過敏症なので、洗濯物を外に干す前、ピンチハンガーに吊るすのは室内。それに、夏の暑い日や冬の寒い日も、これがあるおかげで洗濯物を干すのが億劫になりません。

何より気に入っているのが、部屋に取り込んだ洗濯物をしばらく掛けておけること。洗濯物はいつもすぐにたためるわけではないので、ソファにドサッと置いたままだとリビングが散らかりがちに……。それに、余計なシワもついてしまいます。

写真の室内物干しは優秀で、使わないときは収納でき、ルックスもバッチリ！　1年中使うものだからこそ、機能と見た目を兼ね備えたものを。小さなことですが、家事のストレス軽減につながっています。

竿の先を抜いて、フレームを倒せば、窓枠にすっぽり収まります。ソライエ室内物干し MWタイプ／オークス

自動で洗濯物がまとまるシステム

ほぼ毎日2回は洗濯機を回すので、洗濯の手順はできるだけ簡素化したいと思っています。極力手を抜くやり方をと、こんな工夫をしてみました。

洗濯物をピンチから外すとき、物干し竿の下に大きなかごを置くのです。ただひたすらピンチを外すだけで、洗濯物は自動的にかごの中に。いちいち手に取らなくてもいいので、両手でピンチを外せて時間の短縮になります。しかも、抱えた洗濯物を別の場所に運ぶ必要もありません。

かごから洗濯物がはみ出たとしても、そこはご愛敬。手とかごの動きをシンクロさせたり、いかに早く終わるかスピードアップしたり。ときには、かごの代わりに子どもが受け止める「ジャンプでキャッチ」ゲームも。

遊び感覚で取り組めて、時短にもなる洗濯物外し。案外楽しく、長続きしています。

広口で落ちてくる洗濯物をがっちりキャッチ。18-8 ステンレスワイヤーバスケット６／無印良品

苦手なタンス戻しは夫とバーター

私は基本的に「ものを元に戻す」行為が苦手。たたんだ洗濯物もそのひとつで、なかなかクローゼットに戻せず、しばらくリビングに放置していることがあります。

そこで、洗濯物を戻しやすくするため、1回分の洗濯物が収まる大きなかごを導入。これがあれば何度も往復せず、一気に運べるので、勢いで戻せてしまいます。かごは、リビングでのオブジェ化に備え、見た目に気に入ったもの(P40)を選びました。

それでも億劫に感じるときは、そばにいる夫をつかまえて、「あっ、私みそ汁作ってたんやった～、ゴメンやけどそこの洗濯物戻しといてー」と家事の物々交換を持ちかけることも。一方的なお願いではなく、「アレやるから、コレやって」とバーターにすれば、夫も断りづらいようで、大抵は引き受けてくれます。

「バーター作戦」はいわば鬼嫁の知恵袋で、作戦を発動するのはだいたい苦手な家事のとき。心のなかでは「ゴメンよ～」と謝りながら、いつも夫に甘えています。

ほめちぎりノーアイロン作戦

結婚当初は妻の務めと思って、毎週5日分のシャツにアイロンをかけていました。

でもすぐにギブアップし、夫はシワシワのまま職場へ。夫にはシャキッとした恰好をしていて欲しいという気持ちはもちろんあったので、しばらくの間、葛藤が続きました。

「もしかしたら、アイロンのいらない小ぎれいなカットソーを選べば、〝ラク〟と〝見栄〟の両方が手に入るかも⁉」。

そう思って夫にカットソーをプレゼントし、「やっぱり思った通り、ぴったりやわぁ〜！」、「この黒シマシマは絶対似合うと思ってん！」などと、ほめちぎってみたのです。すると、「夫ごきげん↓シャツの出番減る↓アイロンがけラクに↓みんな幸せ！」という正のスパイラルに。おしゃれ度もちょっと上がって（？）、妻としては嬉しい限りです。

ボートネックやヘンリーネックなら、襟元にきちんと感が出ます。これに、夏はポロシャツをプラス。

column

ストレスフリーな家事の道具

なんだか扱いづらい……。家事の道具は、ちょっとしたストレスがやる気を下げるもの。自分に合った道具選びを大事に。

トイレブラシ

もう長い間トイレブラシを使っていません。手入れの仕方がわからず、衛生面で不安が残るからです。

代わりに使っているのが、流せるタイプのウェットシート。除菌スプレーを吹きかけ、手で汚れを拭き取って処分。縁裏の汚れは、就寝前に酸性タイプのトイレ用洗浄剤をかけ、翌朝一番に流せばスッキリ。

息子がよく汚すため、マット、カバー、スリッパは置かず、すぐ拭けるように。交換や洗濯の手間からも解放！

三角コーナー

キッチンで、水けがきれるゴミ入れは必要です。でも三角コーナーを常設すると、使わないときに邪魔で、徐々に薄汚れていくのがイヤ。いろいろ試した末に、必要なときだけざるをシンクに下ろすことにしました。白くて小さなざるなら主張せず、毎回最後に洗えばずっとキレイ。私には理想的なゴミ入れです。

普段は蛇口と壁の隙間に立てて。タイルと同じ白を選べば、目立ちません。シンク内に常設しなければ、イヤなヌメリもなし。

chapter 2

料理の工夫

「作らなアカン！」より、作りたくなるものを

私は、子どもが生まれるまで、料理で苦労したことはありませんでした。自己流ですが、基本的な料理は大抵作れますし、あれこれ研究するのも好き。結婚後も夫が「おいしい〜」と食べてくれていたので、作る張り合いがあったのです。

ところが、息子は野菜嫌いが激しく、工夫して作っても食べてくれません。栄養バランスを考えたり、毎日「ちゃんとしたものを作らなアカン」という義務感に駆られるようになってから、料理は窮屈で苦手なものに変わりました。

料理のストレスを少しでも減らすため、「作るのがしんどいな」と感じたら、誰かのために「作らなアカン」ではなく、自分が「食べたいものを作ろう」と考えるように。自分の欲求に素直な私は、自分が「食べたい」と思うものは、夜中でも、手間がかかっても、作るのが苦にならないのです。レストランで食べておいしかった料理を再現したり、凝った盛りつけを真似てみたり。タブレットで料理番組を見ながら、シェフになりきることも。調理道具や器などにも凝り、自分

の気持ちを大事にしていくうちに、苦手意識が少しずつ払拭されていきました。

もちろん、家族が好きなメニューも大歓迎！　こちらは参加型にし、「あれ、好きやろ。だったら、一緒に作らへん」と誘えば、手伝ってくれるはず。夫や子どもも自分が作ったものは喜んで食べ、いい出しっぺの私は重い腰が上がって、一石二鳥です。

上）好きなエプロンをしめると、「よっしゃ、作るか！」と料理モードに。単純だけど意外に効果あり。下）「食べたいもの」を作ることで、料理の義務感が薄らぎます。妊娠中にレストランで食べたりんごのカレースープは、大好きな料理のひとつ。

雑誌で好きな器や盛りつけの料理写真を見つけたら、切り抜いて手帳にスクラップ。料理のやる気につなげています。

テキトーだけどいつも同じ味の秘密

計量スプーンは持っていますが、使うのは初めて作る料理のときだけ。面倒くさがり屋なので、いつの間にか目分量になっています。

それでも、いつも大体同じ味に仕上がるのは、同じ分量の材料、同じ大きさの鍋で作っているから。たとえば、よく作るさつまいもの甘煮。さつまいもは小さいサイズなら2本、大きいサイズなら1本と決め、毎回同じ行平鍋で調理します。すると、出汁や調味料の分量はほとんど変わらないので、手が覚えている感覚を頼りに入れていけばOK。みりんタラーリ、しょうゆぐるーっと2周といった具合いです。いちいち量って加えるよりも、時間を短縮できてラクチン。

また、火を使わないキャロットラペなどは(P59)、作り置く保存容器を決め、材料を同じ分量に。回を重ねるうちに、目分量の感覚が研ぎ澄まされ、いつも大体同じ味に着地することができます。

面倒を回避することで生まれた時短料理。ズボラですが、味が大きくズレていなければ、オッケーなのです。

味に差が出るシンプル料理は正攻法で

調理は勘と感覚で乗りきっている私ですが、素材そのものを味わうシンプルな料理は別。味のリカバリーがきさづらいので（きくかもしれませんが、そこまでのテクニックを持ち合わせていない）、タイマーを使って真剣勝負を挑んでいます。

たとえば、ゆでブロッコリー。これまでテキトーにゆでて失敗を繰り返していた私は、好きな硬さにゆで上がる時間を研究。タイマーを1分30秒にセットし、鍋に張りついてアラームがなったら即湯切りし、1秒も長引かないよう、意識を集中させています。これは、学生時代のバイトで得た知恵。パーティーメニューのブロッコリーを、タイマーできっちり計ってゆでていたのがヒントになりました。

料理はメインディッシュばかりに目がいきがちですが、じつは温野菜などの添え物がピタッと決まると、おいしさポイントがアップ。メインディッシュが多少失敗しても、ごまかせるというメリットもあります。

START/STOP
01:30
RESET

「こいつがいるからがんばってみっか」な道具選び

どうしても料理のやる気が起きないとき、私が頼るのはビジュアル系のイケてる道具たち。「あー、そろそろあいつに会いたいな」、「こいつなら、私の手抜き料理を素敵に見せてくれるはず！」。

そんな、見ているだけで気持ちが上がる道具を使ったメニューを考えるのです。

たとえば、ずんぐりしたフェイスで見た目に癒やされる土鍋。同じ料理でも普通の鍋で作るより、3割増しでおいしそうに見えるので、我が家での登場回数はナンバーワン。筍やきのこ、さつまいも、とうもろこしなど、旬の素材を使った炊き込みご飯を作ると、おかずのいらないメインディッシュに。テーブルの真ん中にドンと置けば、フタを開けたときの「わぁ！」という歓声でごちそう度が何倍にも跳ね上がります。

一方、プロ御用達のせいろは、カットした野菜を並べて蒸すだけで、お店気分が味わえます。電子レンジよりも、ほっこりと仕上がり、おいしさもアップ。2段重ねで、1段目は肉や魚、2段目は野菜と、何種類もの素材を同時に調理できるところも、時短になってお気に入り。湯気が立ち上るパフォーマンスは、家族の笑顔を引き出します。

こんなふうに、調理道具を選ぶときは、機能に加えてビジュアルも重視。「作りたい！」と思わせてくれる道具は、私にとって大切な存在なのです。

ほっこり
ナチュラルな土鍋

テーブルに置いても映えるビジュアルで、家族がそろう夕食に登場。昔、近所のスーパーで見つけたノーブランド。

白菜と豚肉をぎっしりと詰め、出汁、しょうゆ、みりん、酒で煮るだけ。薄味に仕上げ、ポン酢で食べます。

皮をむき、厚めに切って並べるだけ。旬の野菜がパクパク食べられます。P67で紹介したマヨ生姜だれにつけて。

中華の達人
御用達のせいろ

できあいのシュウマイをお店風に見せる本格派。横浜・中華街の調理器具店「照宝」のもので、サイズはいろいろ選べます。

作り置きは「ホーロー２個に何かある」安心感

時間があるときにまとめて作り、調理の負担を軽くする作り置き。

週末に時間を取り、何品も作っていたこともありましたが、「早く食べんと」、「フードロスはアカン！」という呪縛にとらわれ、長続きしませんでした。食べどきを逃したり、同じ味に飽きてしまって、消費のペースがつかめなかったのです。

とはいえ、毎朝、夫や子どもの弁当を一から作るのは大変！

そこで、元々持っていたホーロー容器2個に収まる分だけ作ってみることに。電子レンジでチンするだけのかぼちゃサラダや、スライサーを使えば5分で完成するキャロットラペなら、夕食のついでに作れて、負担感がありません。最低でも1日1回、野菜を摂取できて、野菜嫌いの子ども対策にもバッチリ！

私にとって作り置きは、「ちょっと何かある安心感」を得るものので、ホーロー容器2個分あれば十分。自分の適量を見つけたことで、作り置きが楽しくなり、朝の弁当作りがちょっとラクになりました。

レンチン 2 step

スライサーで簡単に

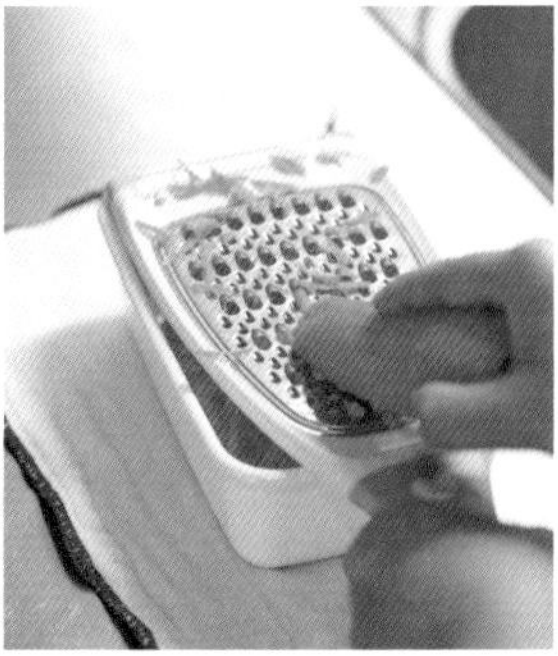

キャロットラペ

千切りにしたにんじんに、酢、オリーブオイル、はちみつ、しょうゆ、マスタード、こしょうを入れ、ざっくり混ぜればでき上がり。保存容器の上でスライスし、そのまま調味。

かぼちゃサラダ

かぼちゃは電子レンジで軟らかくし、適当な大きさにカット。さらに電子レンジにかけてつぶし、レーズンとプロセスチーズを加え、マヨネーズ、はちみつで味つけ。

家族が参加したくなるメニュー提案

「休日はお父さんの会社が休みなように、お母さん業も休みですので〜」と家族に宣言している私。

みんなで一緒にお出かけし、帰宅後は私だけお母さん業に戻ってご飯を作るのは、どう考えても不公平。つい、「逆に疲れるから、家でダラダラしといたほうがよかったわ〜」と口走り、自己嫌悪に陥ります。

それを避けるため、「家族で楽しく過ごした日は、夕食もみんなで一緒に作ろう！」と提案。人気メニューは餃子で、「誰がいちばん多く上手に包めるか選手権」を開催し、競い合って作れば、あっという間にたくさんできて、時短にもなります。また、ハンバーグやつみれ団子入り鍋は、「切る係」、「混ぜる係」など作業が分担しやすく、家族で作るにはもってこい。

子どもは休日のイベントのように楽しめ、夫は家族とゆっくりできたての料理を味わえ、私はラクをできて一石三鳥！　なんといっても、「自分だけやらされている感」がないのは、サイコーなのです！

レンチン食器こそおしゃれに

平日の夕食は、大体いつも子どもと2人きりで、夫はあとでひとり飯。夫の帰宅時はちょうど家事や子どもの世話をしているので、おかずの温めなどはセルフサービス制にしています。

　あるとき、耐熱皿に盛った冷めたおかずを見たら、あまりに味気なく、なんだか夫に申し訳ない気持ちに。せめて、器はお気に入りから選び、雰囲気のあるお盆にのせれば、料理がおいしそうに見えるかもしれない——。そう考えて、おかずを盛るのはちょっとおしゃれな器を採用。

　夫の帰宅時間に振り回されることなく、自分の用事をこなせ、しかも罪悪感を払拭できる。おしゃれ食器とお盆は、妻の策略でもあるのです。

上がイッタラの「ティーマ」で、下がイイホシユミコさんの「オクシモロン」シリーズ。どちらもシンプルでありながら、たしかな存在感があり、料理を格上げしてくれます。

メニューに困ったら散らし寿司の出番

家族の健康や子どもの偏食を考えて、毎日毎日違う料理を作るのは至難の技。料理のやる気を引き出すため、自分の「食べたーい！」を大事にしますが、まったくメニューが浮かばない日があります。

そんなとき、我が家は決まって散らし寿司が登場。息子の大好物で、普段は食べない野菜も散らし寿司なら残さずペロリ。ならば！ときゅうり、きのこ、ごぼう、れんこんなど、いろんな野菜を小さく刻んで入れてみたところ、少しずつ食べられる種類が増え、野菜嫌いが改善されました。

うちわで寿司飯をパタパタと冷ますなど、子どもと一緒に作れるのも散らし寿司の醍醐味。ひとり孤独な作業から解放されるだけで、母は救われるのです。

高野豆腐やかんぴょう、しいたけなどを甘辛く煮た具材は、多めに作って冷凍。卵とじにすれば、立派な一品に。

「コレさえあれば！」のお助け食品

食事作りに疲れたときは、「ラッキー、アレがあった！」というお助け食品が大活躍。手軽に使えて、調理の手間がカットできる我が家のベスト４をご紹介します。

あおさのりは、そのままみそ汁や和風パスタに入れるだけで、時短かつ栄養補助にも。「うまくて生姜ねぇ‼」は、マヨネーズで伸ばせば、万能だれに変身します。野菜と混ぜるだけで、あっという間にボリューミーな一品になるのが、マカロニや松前漬けの素。

なかでも「うまくて生姜ねぇ‼」は絶品で、メニューが次々と浮かんで嬉しい限り。

時計回りに「あおさのり18g」(橋本屋徳兵衛)、「マ・マー早ゆで1分30秒クルル」(日清製粉ウェルナ)、「松前漬143g」(くらこん)、「うまくて生姜ねぇ!!」(吾妻食品)。

和えるだけ

定番の数の子のほかに、ゆでたおくらやにんじんでも美味。「松前漬143g」の昆布とするめを水洗いして水けをきり、水で薄めたたれに漬け、野菜と和えれば完成。

混ぜるだけ

「うまくて生姜ねぇ!!」とマヨネーズを1対2で混ぜたマヨ生姜だれは、鶏ハムにぴったり。グリルした肉や魚のほか、温野菜やサラダにも合う、まさに万能だれ。

「週末家事休ミマス」のための野菜スープ

ちゃんと食べて欲しい、ちゃんと栄養を取って欲しい、ちゃんと成長して欲しい——。毎日いろんな思いをぎゅうぎゅうに抱えてキッチンに立っている私。週末くらいは「ちゃんと」の重荷を外したいので、使い回しのきく具だくさんスープを作り置きしています。

スープは、セロリをはじめ、たまねぎ、にんじん、じゃがいもなどの根菜類と、エリンギ、しめじ、まいたけなどのきのこ類を入れ、コンソメと塩・こしょうで調味。キャベツや白菜、大根など、冷蔵庫の残り野菜も入れて、栄養満点にします。

鍋いっぱいに作り、土曜の朝はパンと一緒に食べ、夜はご飯とチーズでリゾット風に。日曜はカレールゥでカレーに変身させれば、味も目先も変わって飽きません。

野菜たっぷりのスープは、週末の家事休業はもちろん、野菜嫌いの子どもの栄養の助けにも。「普段の食事の栄養が多少偏っていても大丈夫！」と思える、私の心の支えでもあるのです。

細かくカットした野菜は、炒めずにコンソメスープで煮るだけ。味に変化をつけたいときは、かぼちゃやトマトを加えることも。野菜はなんでもＯＫですが、セロリは必須。

土曜は 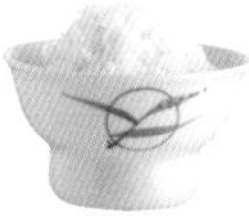 ＋ 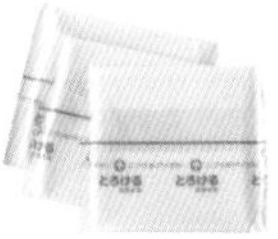 でリゾット

スープの半分を冷蔵庫に取り置き、残りを火にかけて、ご飯を投入。仕上げにとろけるチーズをのせればでき上がり。

日曜は  でカレー

温めたスープに、カレールゥを溶かすだけ。
あとはご飯を炊くだけで、夕食の準備が整
います。お手軽！

朝食は夫が担当大臣

以前は、朝食や弁当作りを一手に引き受けていた私。苦手な早起きを続けるうちに「なんで私だけー?」と爆発し、「みんな一緒に起きて、全員で働こうよスタイル」にシフト。夫は朝食、私は弁当作りを担当することになったのです。

真面目な性格の夫は、私が衝動買いしてすっかり忘れていたホームベーカリーやコーヒーミルを使って、おいしい朝食を用意。週に2回、いろいろなパンを焼き、コーヒーは豆から挽いて淹れてくれます。時間があるときは、目玉焼きやオムレツまで!

家事をひとつでも手放すと、お母さんはラク。慌ただしい朝なら、なおさらです。

朝食のパン皿はアラビアの「ブラックパラティッシ」。選ぶのに悩まず、「どれ?」と聞かれないので、2人ともラク。

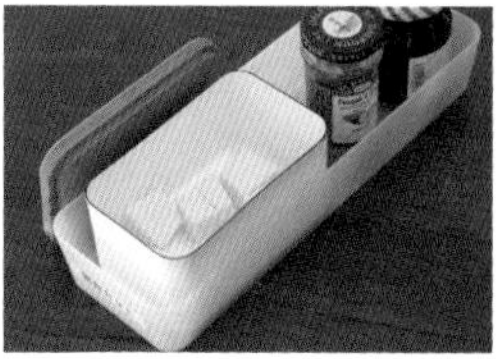

夫が準備しやすいよう、バターやジャムはトレイにセット。バターは銀紙から外し、小さくカットしておけば、塗るのがスピーディー。

田中家の人気弁当おかず

我が家の弁当作りは、幼稚園に通う息子次第。園の予定で弁当がいらないときは、夫の弁当もお休みします。

おかずは、前もって作り置きし、朝は詰めるだけに。おかずに欠かせない卵料理に味卵を選べば、切るだけですんで、時短です。味卵は腹持ちがよく、家族に人気のメニュー。

ささみの梅肉しそ巻きは、前日にささみに塩麹をまぶし、翌朝具を巻いて、レンチンするだけ。スイートポテトは時間があるときにたくさん作って冷凍し、朝、電子レンジで解凍します。バターと牛乳、はちみつ入りで、デザート代わりにもなって、子どもが大好き。

味卵と一緒に作る花形にんじんは、栄養補助と彩り役。幼い頃、母の弁当はいつもカラフルで、その影響があるのかもしれません。

ささみの梅肉しそ巻き

スイートポテト

味卵

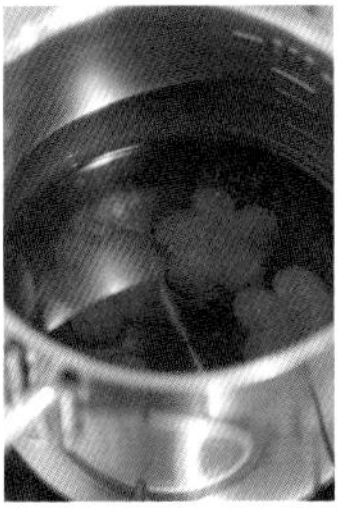

味卵の漬け汁を作るついでに、花形にんじんを煮ます。鍋に出汁とにんじんを入れ、しょうゆ、みりん、甜菜糖で調味。

しその保存法、見つけました！

お弁当の彩りに使ったり、冷ややっこやパスタにのっけたり。毎日ちょこちょこ使いたいしそは、1年中冷蔵庫に常備しています。

少しでも長持ちさせるため、濡らしたキッチンペーパー↓ラップの順に包み、ジップ袋に入れて野菜室へ。ところが、出し入れのアクション数が多すぎて、1枚だけ使うときなど途中で挫折。一気に使うか、腐らせる羽目になっていました。

あるときネットで、写真の保存法を発見！細口の瓶にしそを立て、茎だけ浸かるくらい水を注入。時々水を換えれば、10日は新鮮さを保てます。瓶を冷蔵室の棚に置くと、扉を開けるたびに見えて、使い忘れもなし。取り出すときもフタを外す↓しそを引き抜くだけ。ズボラな私にぴったりの保存法を、ついに見つけたのです！

しそ、たまねぎ、じゃこをのせ、めんつゆをかけた和風パスタ。パスタをゆでるとき、たまねぎにも火を通します。

column

ハンパなおやつは袋にまとめて富くじ風

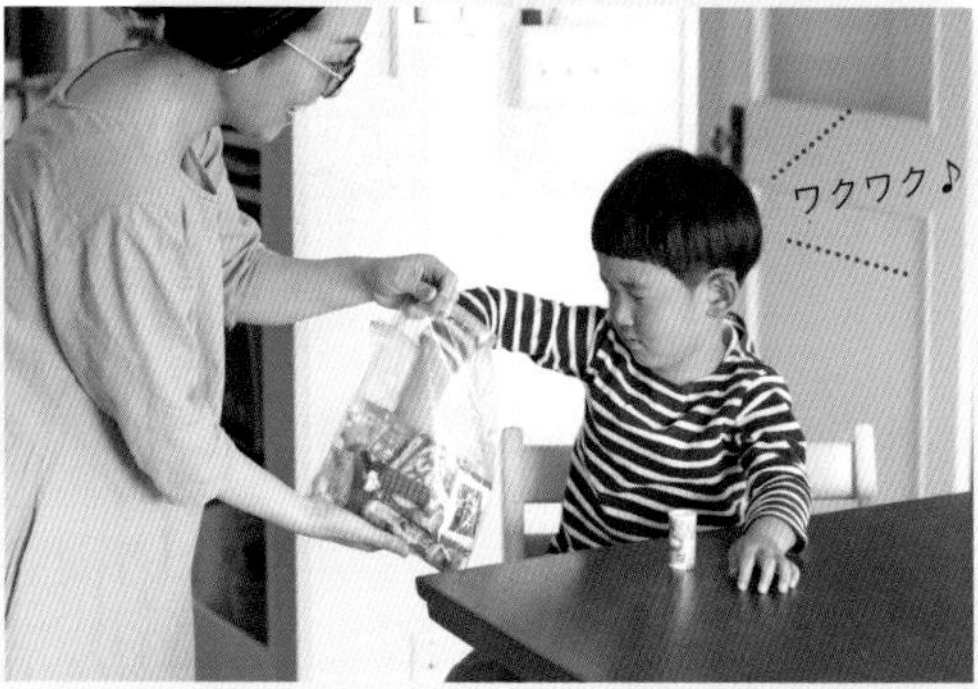

おやつは、子どもが楽しんで選べるよう、スナック菓子やラムネ、ミニ最中などをそろえ、個包装タイプの大袋で買っています。

でも大袋だと、子どもはすぐに食べ飽きて、食べきる前に別のものを買うので、中身がちょっとずつ残りがち……。

そんなときは残りをジップ袋にまとめて、いろんな種類が混ざったバラエティセットに。目をつぶって富くじ風に選べば、ドキドキ、ワクワクした気持ちで、ちょっとしたイベント気分を味わえます。

「2つ選んでね！　何が出るかな～、何が出るかな～、チャラララランランラララン♪」。

子どもが選んだら次は私の番。もちろん私も目をつぶって選べば、懐かしいお祭りの風景を思い出して、楽しいひとときを過ごせます。

chapter 3

私らしい収納

感覚派の私に合うのは、「簡単でおしゃれ」な方法

ずっと苦手だった整理収納や片づけ。私はものを直感で選ぶタイプで、惚れ込んで買ったものは捨てられず、押し入れやクローゼットはいつもパンパン。使うときも戻すときも大変で、いつも何かがピロリーンとはみ出していました。「このままではアカン！」。

本気でそう思ったのは、念願のマイホームを手に入れたとき。偶然、アメリカ生まれの整理術・ライフオーガナイズに出会い、人生で初めて片づけ下手の自分に向き合うことにしたのです。

そこで学んだのが、整理の仕方。まず、理想の生活を描くことで、自分にとって必要なものだけに囲まれて暮らしたいと思うように。そのためには、あふれかえったものを「いる・いらない」の2択ではなく、4つのカテゴリーに分類。すると選別がしやすく、ものを手放せるようになったのです。

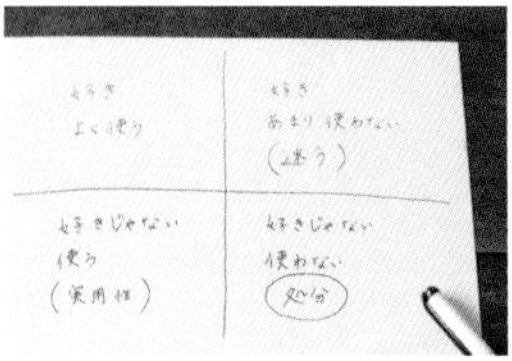

ものを4つに分けると整理が進みます。感覚派の私は、「好きor好きじゃない」と「使うor使わない」を組み合わせて。

収納面では、面倒くさがり屋であることを自覚し、出し入れのアクション数をできるだけ少なめに。また、見えないと忘れる癖があるので、半透明のケースを使うなど中身を可視化。そして、見た目に好きなものだと片づけのやる気が上がるため、収納用品はこだわって選びました。

このしくみを取り入れてから、「1箇所片づける→少しラクになる→ほかの場所にも手が出る→どんどんラクになる！」という好循環に。少しずつ、理想の暮らしに近づいているのを実感しています。

上)パッと手に取り、スッと差し込む。手順がシンプルだと、ものは片づきます。中)中身が見えるケースで、使い忘れを阻止。下)おしゃれなホーロー容器にメラミンスポンジを。見た目の「好き！」は片づけのモチベーション。

一日でいちばん長い時間を過ごすリビングダイニング。

ここでは、お気に入りの食器棚やキャビネットを置いて、大好きな器を飾るように収納しています。

自分が好きな空間はいつでもキレイにしたいので、片づけもがんばるように。

Living Dining

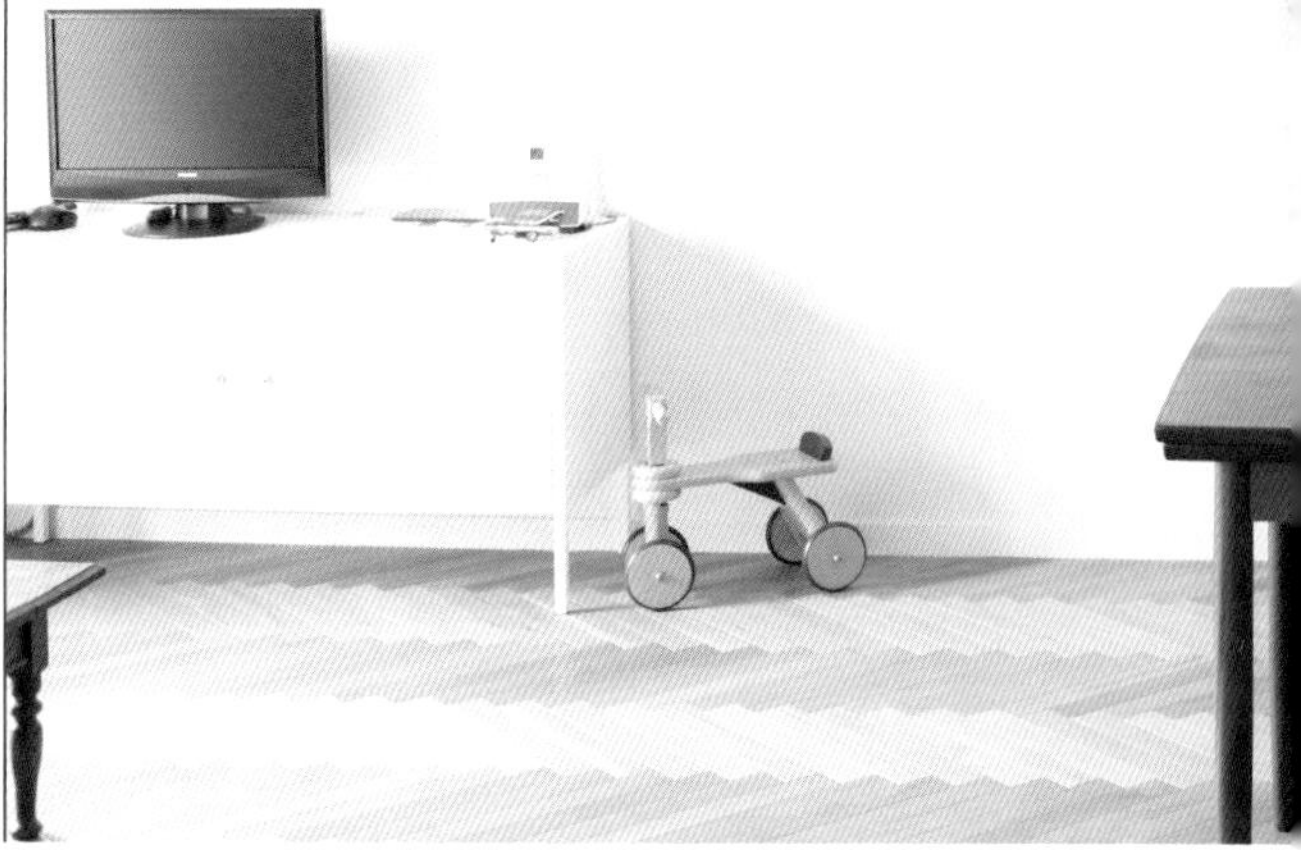

「お気に入り」に片づける

私はいわゆる右脳派人間で、なにごとも理屈より好き嫌いが優先。この自分の性質を利用し、収納用品は見た目が気に入ったものを選んで、片づけのモチベーションにつなげています。好きなものは自然と大切に扱い、きちんと整頓しようとするからです。

写真の食器棚もそのひとつで、古いすりガラスや木の質感がなんともいえない味わい。出会ったときのトキメキは今でも色褪せず、毎日見るたびに「やっぱ、好っきやわ〜」と惚れ惚れします。

そんな大好きな食器棚に器をごちゃごちゃにしまっては、せっかくの雰囲気が台なし。まるで好きな彼氏に一張羅を着せるようなもので、食器棚に似合うよう食器もスッキリと整頓するようになるから、不思議です。

食器棚にシートを敷けば、食器がすべりづらく、棚も傷つきません。小さなドット柄がおしゃれなシートは「抗菌すべり止めシート」(ニトリ)

ジグザグ置きで出し入れしやすく

食器は前後2列に収納し、手前によく使うものを。ジグザグに並べることで、手が入る隙間が生まれ、奥も取りやすくなります。

カチャカチャ防止にキッチンペーパー

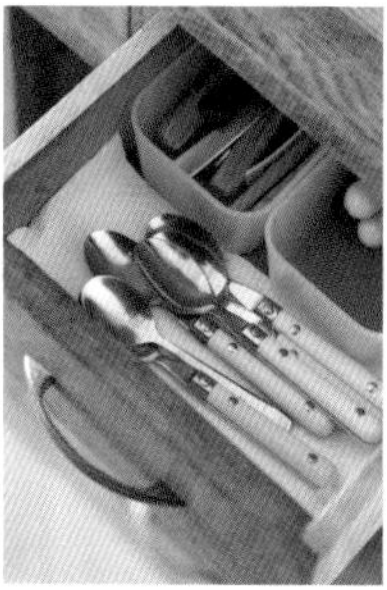

引き出しの開け閉めで、カトラリーがすべらないよう、下にキッチンペーパーを。キッチンペーパーなら、こまめに取り替えられて衛生的。

深型ボックス2段重ねで高さを活用

深くて狭いスペースには、スタッキングできるボックスが便利。ペーパーナプキンやストローなど、テーブルで使うものを収納しています。

よく使うコップは出しておく

コップはホーロートレイにのせて、キャビネットの上に。手に取りやすく、目に見えるので、「ほら、そこ。取って」と気軽に頼めます。

薬は家族にわかりやすく

風邪薬、爪切り、絆創膏、体温計……。超一軍の薬や衛生用品は、アクセスしやすいダイニングの食器棚に。浅い引き出しなら、重ねずにしまえて、上から見て一目瞭然。トレイを2つ用意し、薬と衛生用品を分けて入れれば、目当てをパッと見つけられて、迷いません。

処方薬など一定の期間継続的に飲む薬は、飲み忘れを防ぐため、目につきやすいキャビネットの上に。病院でもらう紙袋は中身が見えないので、透明のジップ袋に入れ替えておきます。これは夫のリクエストで始めたもので、とりわけ花粉が飛ぶ季節には便利。

家族共有で使うものは、いちいち「アレどこー?」と聞かれるのがイヤなので、できるだけわかりやすい場所に。急を要する薬や衛生用品は、なおさらです。

今飲んでいる薬と説明書は、ジップ袋に入れて、出しっぱなしに。視界に入りやすく、飲み忘れを防げます。

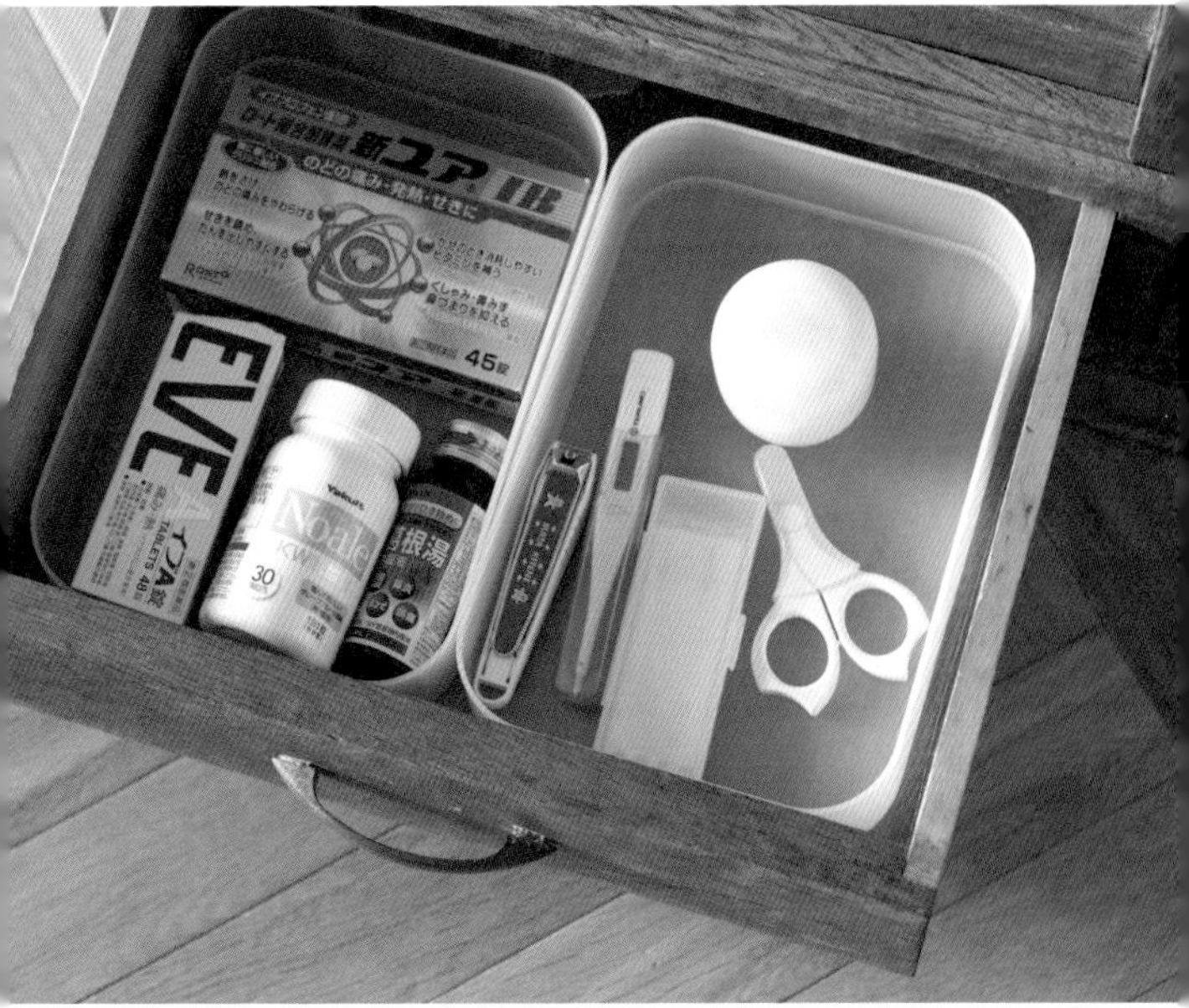
新ユア
のどの痛み・発熱・せきに
45錠
EVE
30
根湯

「ごっちゃり」を隠すための小さな部屋

私にとってリビングは、インテリアの見せ場。お気に入りのソファ、味のある文机、こだわりの照明……と「好き！」を詰め込み、ゆったりとくつろげる空間にしました。

そんな私の楽園を乱すのが、コードとおもちゃ。AV機器のコードは、引き出せる穴がついたキャビネットの中へ。持ち運んで使うノートパソコンのコードは、ソファの下にボックスを置いて、隠せるようにしました。おもちゃは、ソファから届きやすい文机に。

専用の「小さな部屋」を用意することで、スッキリリビングを実現しています。

あやとりの紐、マラカス、古い携帯電話……。文机の引き出しには、ソファで使う手遊び系のおもちゃを。「使う」と「しまう」を最短にしています。

ソファの下にすっぽり収まるボックスを忍ばせて、ノートパソコンのコード入れに。延長コードもタップごと入れておけば、床掃除がラク。

Second Living

洗濯物を干したり、子どもがおもちゃを広げたり……。リビングをスッキリ保てるのは、セカンドリビングがあるおかげ。

ここには、子どものおもちゃや服、幼稚園グッズのほか、掃除や洗濯用品も収納し、いつでも家事にかかれるようにしています。

家事グッズはすぐ手に取れる場所に

この家に引っ越したとき、洗濯用品はランドリー、アイロンはクローゼット、掃除道具は洗面所とバラバラに収納していました。

ところが、ある日気づいたら、家事の道具がセカンドリビングに散乱。収納の動線が長すぎて、使ったあと元に戻せなかったのです。

そこで、本棚と壁の間に生まれたデッドスペースにつっぱり棚を設置し、収納スペースに。家事の道具を収納したところ、アクセスがよくなり、部屋がスッキリ！　収納本に書いてある「使う場所のそばに収納する」という言葉の意味が、理解できた瞬間でした。

１箇所にまとめることで家族にもわかりやすく、探さずにすむように。扉と違ってカーテンなら、出し入れも簡単です。

つっぱり棚で隙間を
収納スペースに

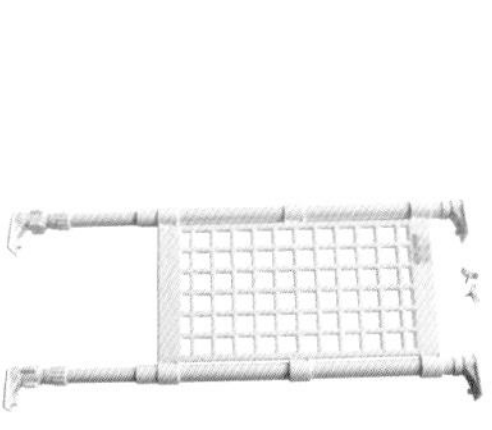

洗濯用品を頻繁に出し入れしても、ビクつかない安定感が◎。セキスイ超強力メッシュラックミニ　ＫＭＴ／積水樹脂

豆粒ラベルの理由

収納で必ずブチ当たるのが、「見た目」と「使い勝手」のバランス。なかでもラベリングは私にとって重要課題で、いつも頭を悩ませています。

ラベリングを考えるとき、私の頭のなかはこんな感じ。

スッキリおしゃれに見せたい→収納用品は1種類でそろえよう→同じものが並ぶと中身がわからない→中身をいちいち確認するのは面倒→やっぱり中身を表わすラベルは必要→スッキリ見える小さなものなら、まっ、いいか。

文字が極小の豆粒ラベルは、私のなかで「見た目」と「使い勝手」を兼ねたギリギリの境界線。よく考えてみたら、ファイルボックスを手に取るときに中身がわかればいいので、遠くからバッチリ見える大きさは必要ないのです。

夫や子どものものはこうはいきませんが、自分が使うものならこれでOK。ラベルは、ものを管理する人によってつけ分けるのがいいようです。

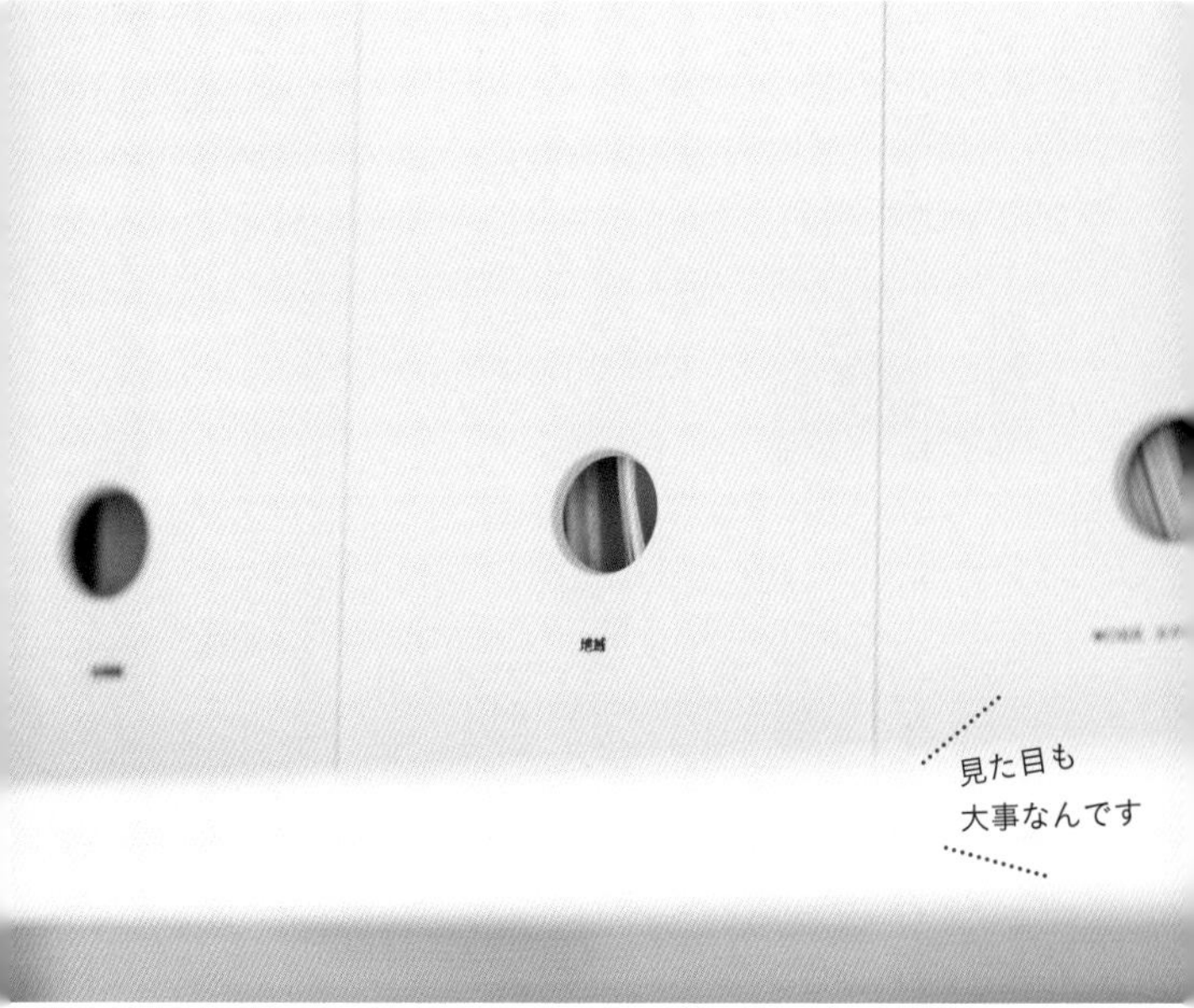
見た目も
大事なんです

本棚収納

大人ゾーン

子どもの手が届かない本棚の上段を大人専用に。ファイルボックスや引き出しを並べ、本や書類、文房具を収納しています。木の棚やかごを混ぜて、おしゃれに。

趣味の本

背表紙のごちゃごちゃをファイルボックスで目隠し。手芸、料理、ファッションなどジャンル分けして中へ。

お気に入りコーナー

本、雑貨、子どものフォトブックなど。ゴールデンゾーンに好きなものを飾れば、いつも目に入ってごきげん。

プリンター用品

プリンターのインクや用紙、コード類。収納ケースに白樺風のおしゃれなかごを選んで、インテリアのアクセントに。

レターセット

ポストカード、便箋、封筒、切手……。手紙を書くときに必要なものをまとめて、思い立ったらすぐ書けるように。

夫専用引き出し

リビングに放置しがちなパソコンのキーボードやアダプターを収納。夫の書斎は離れているので、近くに避難場所をひとつ用意。

文房具

左がよく使うもので、右が時々使うもの。量の多い文房具は使用頻度で分けて、探す範囲を狭めておきます。

仕事の書類

カタログや資料など、仕事の書類をざっくり分けて。保管する幼稚園のお便りも。

子どもの写真はフォトブックと手作りアルバムに

子どものアルバムは、毎年２冊作成しています。ひとつは誕生日の記念に作るフォトブックで、両親にもプレゼント。一方の手作りのアルバムは、見開きごとにテーマを設けて、自由自在にデザイン。写真は「親バカ」ページで、ピントが甘かったり、背景がイマイチな写真を切り抜き、いろんな表情やポーズをコラージュ。子どもはもちろん、大人も楽しめます。

ラベルライター・年賀状

収納の見直しで出番の多いラベルライターは、指定席を用意。アダプターやカートリッジも一緒に。年賀状は２年分保管。

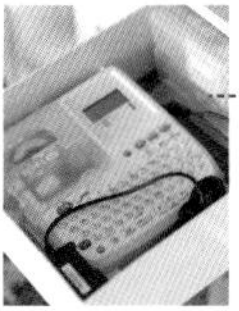

地域情報

デリバリーのメニューや防災マップなど、地域に関する資料。定位置を決めておけば、いざというときに慌てません。

子どもの思い出

母子手帳やへその緒など、子どもの思い出の品を収納。押し入れにしまい込まず、いつもいる場所に置くことで、いつでも見返せます。

取扱説明書・重要書類

アイテムごとにインデックスシートにはさみ、ファイルボックスへ。上から引き抜くだけなので、ポケットファイルより出し入れがラク。

Kitchen

1日に何度も立つキッチンはそこにいたくなる雰囲気作りを。ものは白やガラスで統一し、作家物の一輪挿しなど、自分の「好き」も飾ります。

一方、扉の中や引き出しの中は、使いやすさを優先。身長や利き腕を意識し、動きのムダが出ない配置にしています。

調理ツールは使用頻度で分散収納

卵黄を塗るシリコン刷毛、ご飯を盛るメロン型、寿司を巻くすだれ……。出番は時々でも、1年に1回でも使うものは持つようにしています。もの好きなので、たとえば豆まき用の枡が代用品のコップだと、気分が盛り上がらず、がっかりするのです。

でもそうすると数が増え、1箇所では収まりきりません。そこで、使用頻度別に毎日(1軍)、そこそこ(2軍)、年に1〜数回(3軍)に分け、それぞれに合った収納場所を用意。1軍は手を伸ばせば届く引き出し、2軍は上から見渡せるコンロ下、3軍は持ち手つきのボックスに入れて吊り戸棚にしまっています。

1、2、3軍はいつも同じメンバーではなく、活躍次第で入れ替わるプロ野球制度に。行ったり来たりを繰り返し、ようやく辿り着いたのが、写真の形です。

時計回りに1、2、3軍。「仲間どうしは同じ場所」にとらわれず、使用頻度やスペースに応じて入れ分けています。

1軍

2軍

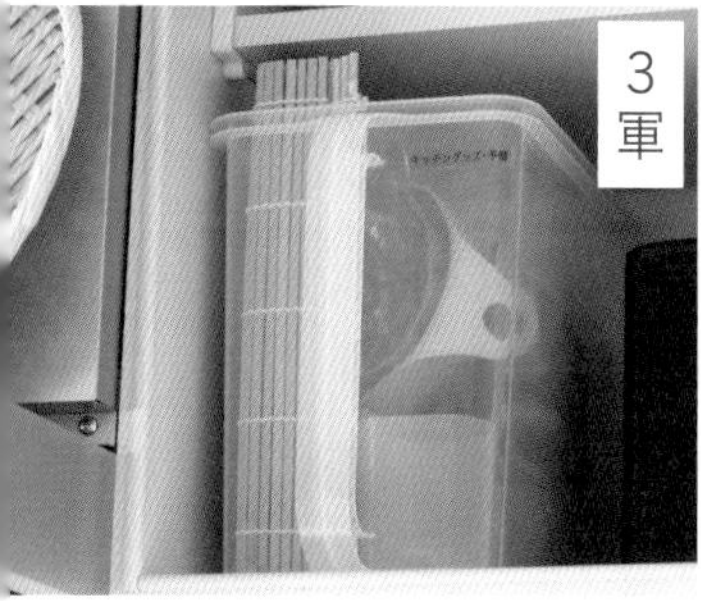
3軍

カメラ目線な食品収納が見つけやすい

我が家のパントリーは、コンロ下の大きな引き出し。ここに乾物や缶詰、麺類など、あらゆる食品を収納しています。1箇所にまとめることで、あちこち探さずにすんでラクチン。

しかも、このパントリー、引き出すと食品と目が合うようになっているんです！　パッケージの商品名を上向きに入れているだけですが、目当てのものを瞬間的につかめるので、調理の手を止めずスピーディー。しゃがみ込み、いちいち取り出して確認する必要がありません。

また、月1回の買い出し前の在庫チェックも、足りないものがパッと確認できて時短。食品を埋没させることもなく、忘れずに使いきれるので、フードロスも減りました。

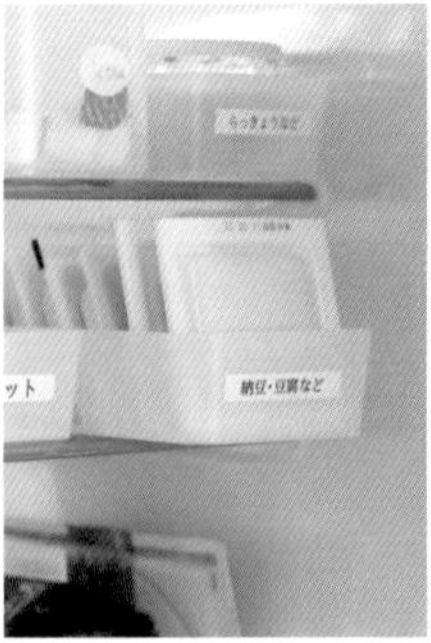

冷蔵庫の納豆は、賞味期限が印字された箇所を正面に向けて。取り出さなくてもわかるので、食べ忘れがなし。

新
あさひ豆腐
さば
水煮
ゆで
あずき
お鍋に
S&B
とけ込むカレー

シンク下 吊り戸棚 収納

身長155cmの私が使いやすいのは、腰から下。火を使うものはコンロ下、水が必要なものはシンク下など、調理の動線が短くなるよう、ものの配置を工夫しています。

キッチンばさみ・ピーラー

シンク右手の最上段は、下ごしらえに使うキッチンばさみやピーラーを。右手でパッとつかめて便利です。小物は綿棒の空き箱に入れて。

洗剤・掃除用品

引き出しの深さを利用し、洗剤のボトルを収納。立てて入れて、上から見つけやすくしています。水やりと一緒に使う園芸肥料なども。

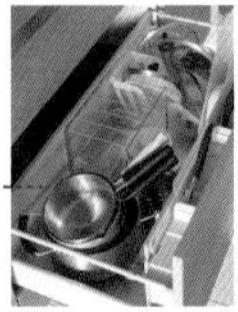

鍋・包丁

水が汲みやすいシンク下に鍋を。フタはファイルボックスに立て、横倒れを防いでいます。隙間にボックスを入れ、おろし器の定位置に。

消耗品・ゴミ袋

最下段には、排水溝ネットやジップ袋、ゴミ袋などを。立ったまま上から引き出せるよう、袋や箱の口は上に向けて。

土鍋・ホーロー容器

最下段にはすべり止めシート(P84)を敷き、土鍋や鉄鍋、ホーロー容器など重たいものを。横には鍋敷きも収納し、一緒に取り出せるように。

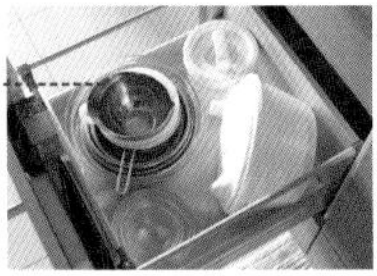

ざる・ボウル

ざるやボウルは、大→小サイズの順にスタッキングし、省スペースに。手前には、使用頻度の高いラップやアルミホイルを立てて収納。

調理ツール

作業台で使う菜箸や計量スプーン、コンロで使うお玉やフライ返しなど。仕切りに種類別に分ければ、探す手間が減ります。

使用頻度の低いもの

手が届きづらい吊り戸棚は、ものをじか置きせず収納ケースに入れて。出し入れがスムーズで、死蔵品を作りません。製菓用品やキッチンペーパーのストックを。

塩・砂糖

塩や砂糖は出しっぱなしにせず、引き出しに収納場所を設けます。出し入れの手間はかかりますが、汚れがつくのを防げて、掃除の手間が減少。

ペン・割り箸

保存容器に中身や賞味期限を書くペンやシールを。こまめに更新し、フードロスを防いでいます。いざというときに備えて、割り箸も少々。

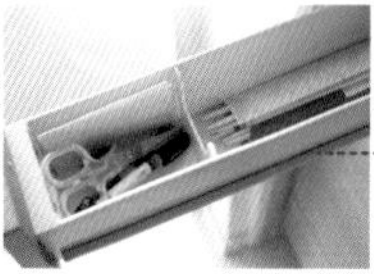

フライパン・液体調味料

フライパンは出し入れしやすいよう、仕切り板に立てて。手前の鍋ブタラックを活用し、ジップ袋など、倒れやすいものを収納しています。

保存容器

たくさん収納したいので、保存容器は本体とフタを別々に収納。使用時もフタを開ける手間がかかりません。かごで分けて、混ざらないように。

食品

3つのエリアに分け、缶詰、麺類、乾物を。湿気を帯びやすいものはフタつきの容器に入れています。上からわかるようラベルは上向きに(P105)。

背面収納

カウンターを兼ねた収納をDIY。棚とケースは白で統一し、見た目をスッキリさせました。キッチン家電のほか、お茶やマグカップなど、日常的に使うものを収納。

コーヒーセット

ミル、ドリッパー、サーバーをトレイにまとめて。トレイごと作業スペースに運べば、準備があっという間です。スプーンや黒糖もセット。

お茶パック・袋留めクリップ

目線の高さには、お茶パックや袋留めクリップなど、すぐ使いたいものを。トレイやお茶など、1日に何度も出し入れするものもここに。

予備のトレイ

2番手のトレイは、出し入れより収納量を優先。積み重ねて、省スペースに納めています。1番手は上のファイルボックスに立てて。

ホームベーカリー・米びつ

使いづらい最下段は、キャスターつきのボックスで、引き出せるように。ホームベーカリーや米びつ、オーブンの天板、空き瓶などを収納。

分別ゴミ・食品ストック

場所を取るゴミ箱の代わりに、ファイルボックスを活用。上に隙間を作れば、ポイと放り込むだけで、引き出す必要なし。右端は食品ストック。

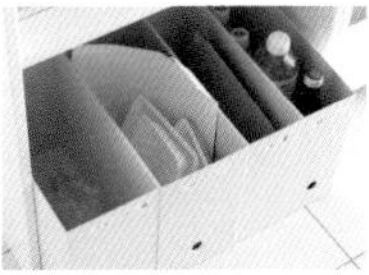

作業スペース

棚にコンセントを備えつけ、ポットの定位置に。普段はものを置かず、コーヒーを淹れたり、茶葉を補充するなど、作業場として使用。

食器用ふきん

1日に何枚も使うふきんは、洗って戻す回数も多め。使いやすい上段に取っ手つきのボックスを置いて、引き出して使っています。

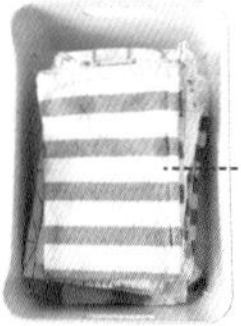

弁当グッズ

作業スペースのすぐ下に、弁当箱を収納。サッと取り出してご飯やおかずを詰め、上にしばらく置いて粗熱を取るのに便利。

園用コップ・水筒

幼稚園に持って行くコップや水筒、お弁当包みなど。スペースを確保しておけば、休みの日の置き場所に困らず、キッチンがスッキリ。

マグカップ

以前はダイニングの食器棚にしまっていたマグカップ。いちいち取りに行く手間が省け、戻すのもラクです。下にすべり止めシートを。

冷蔵庫は使いやすくカスタマイズ

冷蔵庫は、空いているところに食品を詰め込むと、ごちゃごちゃになって埋没品が生まれがち。私の場合、見えていないとかなりの確率で使い忘れるので、いつも決まって買うものは、定位置を決めています。

まず、目につきやすい棚に、みそや出汁、納豆や豆腐、バターやジャムをトレイにまとめてセット。次に、棚を1枚抜き取り、鍋ごと保存する料理や背の高い調味料を入れる場所を確保しました。また、移し替えが面倒な卵は、専用のホルダーを外し、パックごと置けるように。

邪魔なパーツを取り除き、常備品の置き場所を固定化したことで、スペースが上手に使えるようになり、食品の埋没率が2割減。賞味期限切れを廃棄する、あのイヤな作業が減って、気持ちがラクになりました。

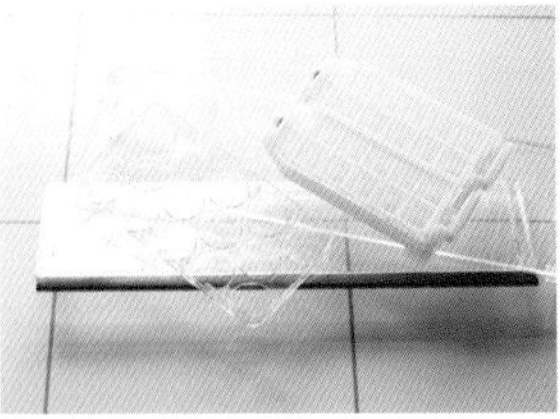

取り外した冷蔵庫のパーツ。高さが中途半端だった棚は撤去し、鍋やペットボトルがすっぽり入る空間に。

朝食セット
納豆・豆腐など

野菜室は「個室化」が使いやすい

冷蔵庫の野菜室は、プラかご3つでざっくりと仕切り、野菜を立てて入れています。そのまま使うと、上からどんどん放り込み、下敷きになった野菜が傷んでしまうからです。

かごは、同じものを選ばず、あえて幅や奥行きが異なるタイプを用意。3種類あれば、葉物や根菜類など大抵の野菜が収まります。かごに入らない丸々1個のキャベツやかぼちゃ、白菜などは、空いた空間を利用。

野菜はその時々で買うものが異なるので、「このかごにはコレ」という窮屈なルールを作ると、別の野菜を買ったときに秩序が崩壊。「似たものどうしをまとめる」というゆるいルールで、「下敷き」を生まないようにしています。

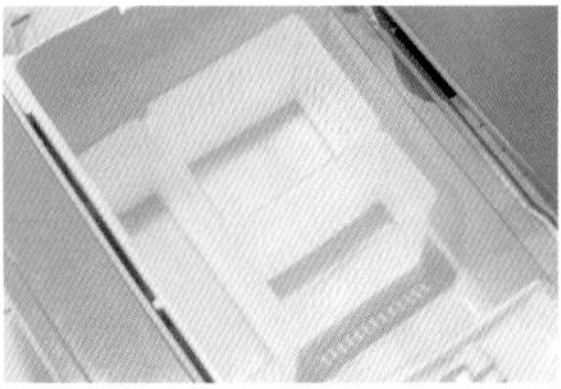

野菜をどけると……

かご3つで4つの空間に。広さの異なるスペースを設けることで、どんなものにも柔軟に対応できるように。

Lavatory

歯ブラシ、うがいコップ、ハンドソープ……。子どもが毎日使うものは出しっぱなし、色や素材をそろえておしゃれに。一方、大人の化粧品やヘアケア用品は洗面台の中へ。使う人に合わせて収納場所を選びます。

スキンケア用品は箱ごと出し入れ

洗顔料や化粧水を入れたボックスは、入浴前に洗面台に出し、入浴後は元の場所に。ボックスにまとめておけば、出し入れが1回でOK。

メイクグッズは使う順に並べて

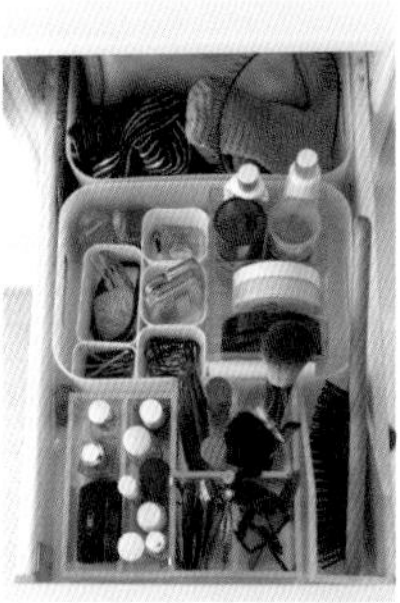

右手奥の下地クリームから始め、ジグザグに進んで、左手前の口紅で終了。使う順に並べれば、手の動きにムダがなくスピーディー。

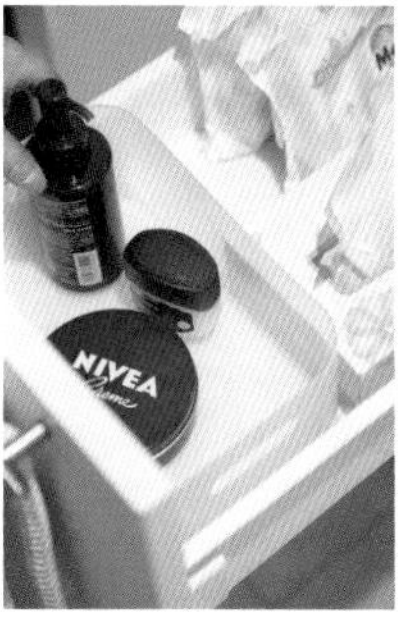

ちょい置きスペースで出しっぱなしなし

上段の手前には、こまめに塗り直すハンドクリームや日焼け止めを。引き出しをちょっと引くだけでいいので、自然と片づけるように。

ファイルボックスで奥を引き出しやすく

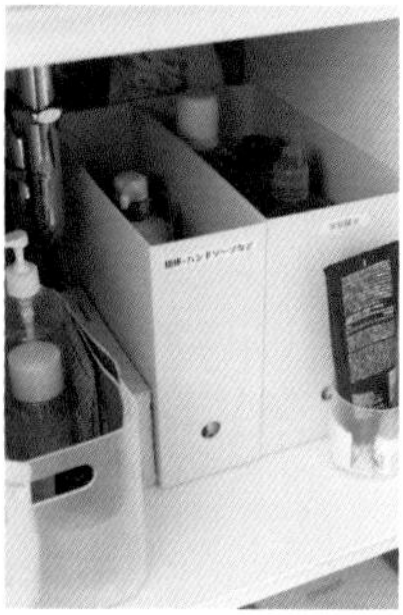

洗剤ボトルや液体ソープはじか置きせず、ファイルボックスに入れて引き出せるように。出し入れしやすく、倒して汚すこともなし。

虫よけの手作りキットにレシピを

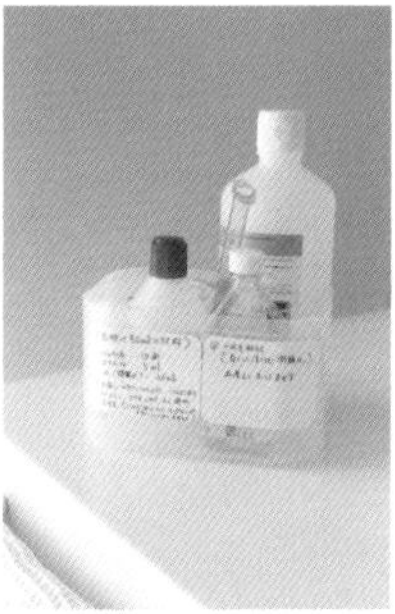

毎夏作る虫よけの材料や道具をボックスにまとめて。そのつど調べなくてすむよう、ボックスには作り方を書いたシールを貼ります。

コットンや綿棒はかわいいケースに

来客も使う洗面所は、生活感を出したくないもの。ホテルの雰囲気を真似て、小物の収納にはガラスやシルバーのケースを選んで。

浴室に隣接し、脱衣所を兼ねた洗濯室。

ここで使うのは、洗濯物をはじめ、洗剤、タオル、下着など、隠したいものばかり。

アイテムに合った引き出しを使って、スッキリ収めました。

Laundry

洗濯機の部品はボックスにまとめて

乾燥棚や吸い込みノズルなどの備品は、しまい込まず、洗濯機の近くに。いざというときに探さずにすみ、役に立ちます。

タオルは使う場所で色分け

ベージュはキッチン用、白は洗面所用。交換時は決まった色を引き抜けばいいので、わざわざ分けて収納しなくてもOK。

子どもの夜支度は洗面所で

子どもの手が届く引き出しに、パジャマや下着をひとまとめに。部屋から持ち運ぶ手間が省け、風呂上がりに自分で身につけられます。

洗剤のストック置き場を確保

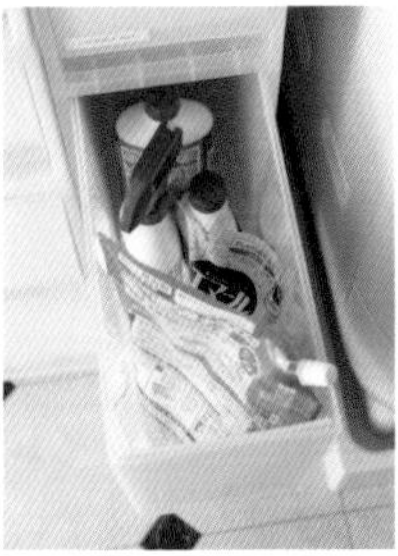

派手なパッケージの洗剤は、出しっぱなすとごちゃつきの原因に。引き出しひとつ分のスペースを設け、収まるだけ持つように。

Bath Room

ピンチかごがおもちゃにぴったり

お風呂用のおもちゃは、水が抜けるピンチかごでしっかりと乾燥。白なら見た目もスッキリします。回転式フックで、壁にぴったり。

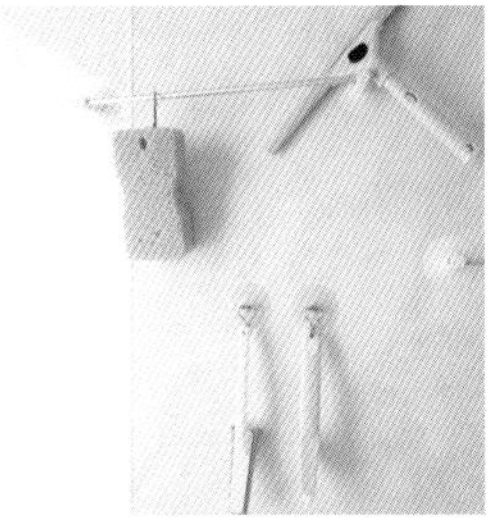

掃除道具は壁面に引っ掛け収納

浴室の壁に吸盤式フックをつけ、スポンジやスクィージーを乾かしながら収納。すぐそばに道具があれば、掃除が億劫でなくなります。

Entrance

玄関の主役は、古いシューズロッカー。ここに家族が履く靴を収納し、1足は出してOKに。散らかりがちな上着や段ボールは隣室のクローゼットに、外遊びのおもちゃはバルコニーに収納しています。

靴は人別にエリア分け

中が見えないシューズロッカーは、覚えやすいよう、人別に場所を割り振っています。家族の身長に合わせ、下段→息子、中段→私、上段→夫に。

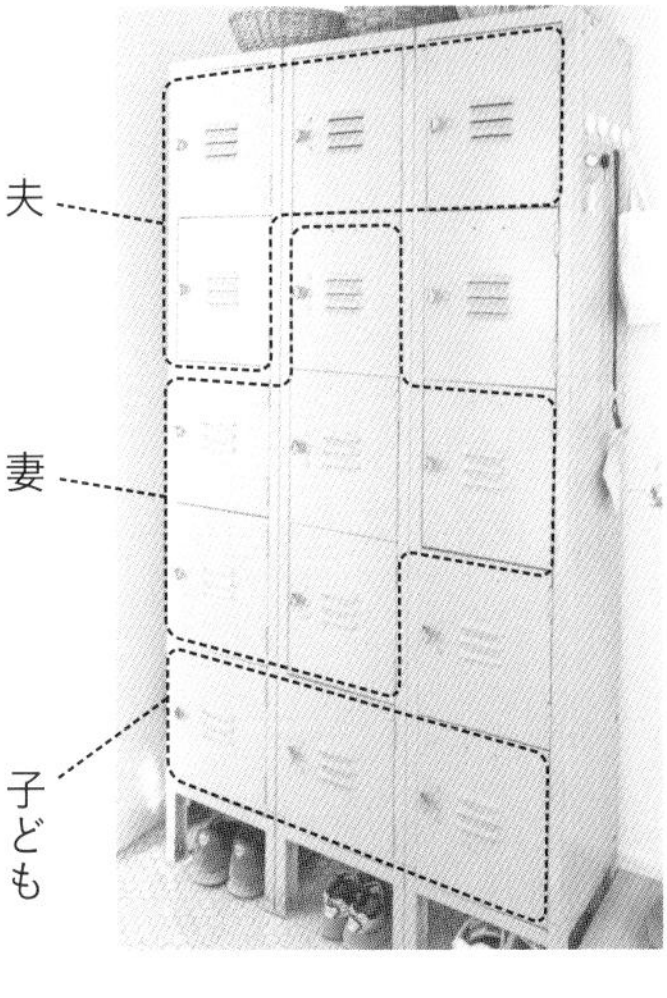

仕切り棚で
収納量を倍増

靴の上にコの字ラックを渡し、余ったスペースを収納に活用。透明のアクリルなら圧迫感がなく、スッキリと見えます。

印鑑やペンは
取りに行きません

手の届きやすい上から２段目に、ペンや印鑑を。サッと取り出せ、荷物の受け取りにモタつきません。奥には懐中電灯も。

引き出して使える ロングストッカー

靴のメンテナンス用品はそのまま置かず、奥行きのあるトレイにまとめて。引き出せば見つけやすく、出し入れもラクチン。

気になるものは 死角に吊るして

入口からは見えない場所にマグネットフックを留め、鍵や幼稚園の保護者証を引っ掛けています。忘れても靴を履いたまま取れてラク。

column

リノベーション&DIYで住まいもマイスタイル

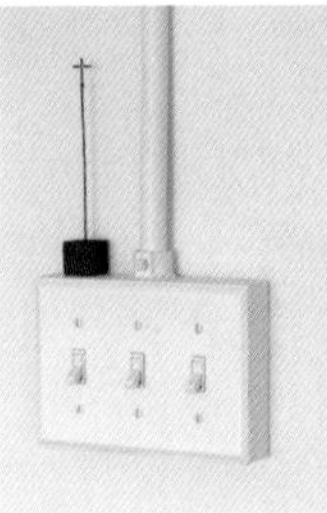

私が暮らすマンションは築34年。ずっと、アンティーク家具の似合う空間に憧れていたので、あえて古いマンションを買って、リノベーションしました。

まず、リビング隣の和室を取り払って洋室に。押し入れも撤去し、サイズぴったりの本棚を取り寄せ、白くペイントして設置。大型の収納スペースを確保しました。

内装では、リビングの床をヘリンボーン張りにし、壁を白く塗装。キッチン、浴槽、洗面台、建具なども交換し、工事費は500万円ちょっと。玄関のたたきやキッチンのタイルは、夫と2人でコツコツ張った苦心作です。

毎日、お気に入りの床や壁を見るたびに、「早く家事を終わらせて、好きなインテリアでまったりしよう♪」とモチベーションアップに。家事の励みにもなっています。

壁の塗装、床のタイル、本棚など、リノベーションでできなかった箇所は、夫婦でDIY。写真は、玄関の壁に漆喰を塗っているところ。

chapter 4

我が家の子育て

遊びも片づけも、なんだって真剣勝負！

人間ができていない私にとって、母であることはときにプレッシャー。「いい母でありたい」と思うと同時に、「いい母でいなきゃ」という呪縛から逃れられず、今も子育ての悩みは尽きません。

私は何をするにも楽しめないと長続きしない性格で、子育てについても同じ。我が家はひとりっ子なので、子どもからしょっちゅう「ねぇ遊ぼう～」とお呼びがかかりますが、かるたやトランプなどのカードゲームは、いつも真剣勝負です。子どもに花をもたせてばかりでは楽しくないですし、子どもが負けて悔しい思いをするのもよい体験(ただの負けず嫌い母ちゃんのこじつけ……)。「遊んであげる」のではなく「一緒に遊ぶ」ことで、「いい母でいなきゃ」という義務感が少し薄らぐように思います。

そんな「はっちゃけ母ちゃん」を反面教師にしたせいか、息子の自立は早く、片づけや手伝いのできる子に。たとえば、子

一緒に遊ぶときは、童心に帰って。自分が「楽しい！」と思わないと、おつき合いになって、しんどくなります。

どもコーナーの収納は、最初だけ一緒にしくみを作ればあとは自分で管理し、最近では「こんな収納どう?」と提案してきます。お手伝いも積極的で、とくに調理面では立派な戦力に。

とはいえ、まだスーパーでおやつをねだる4歳の子ども。ぐずったり甘えたりしてくるときは、内心イラッとしながらも、柔軟剤のCMを思い出し、タオルのようにふんわりと息子を抱きしめています。

上)好きなものを見ると気持ちが上がるのは、息子も一緒。自分のコーナーには、お気に入りのキャラクターのポスターを。下)「お母さんどう、めっちゃカッコいい」と食べ終わったお菓子の箱を手裏剣の収納に。

「片づけて」のその前に

「お母さん、絵本がどうやっても倒れてきちゃうよー」と泣く息子に答えてあげられず、「どうしたらいいんやろ？　私がいちばん知りたいんよ」と我が子をぼんやりと見つめていた私。今でもあの光景が忘れられません。

あの頃の私は、息子に向かって「散らかったおもちゃ片づけて！」と怒鳴るばかり。「片づけて」というなら、片づけやすいしくみを作るのは親の役目。そう気づいたのは、ライフオーガナイズに出会ってからでした。

我が家の場合、子どもの収納を考える前に、ものの量を見極めます。収納場所に収まっていなければ、写真の4分類でものを整理。

収納の手順では、まず子どもがイメージしやすいよう仲間どうしを集め、手が届きやすい場所に収納します。そして遊ぶときは、子どもが5分で片づけられる量を目安に、出すおもちゃをセーブ。

最後に、子どもが片づけたくなるしかけを。スマホのアラームをセットし、「5分でできるかな～」とゲーム方式にすると、うちの子は、張りきって片づけます。

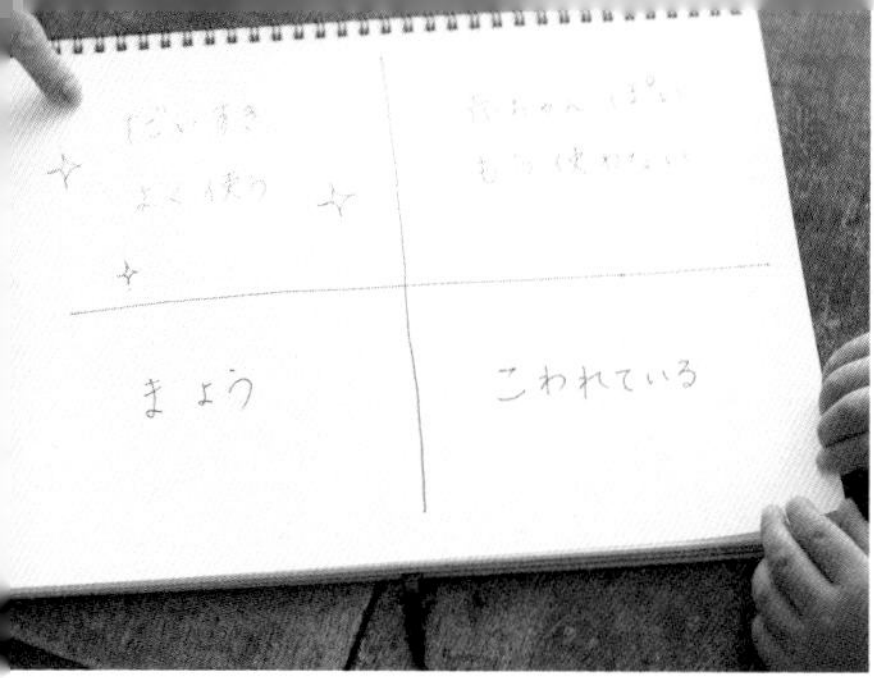

「いる・いらない」の2択は判断が難しいもの。4択ならどれかに当てはまるので、整理が進みます。息子の場合、「赤ちゃんぽい→僕はもうお兄さん」というキーワードが決め手に。

5分で片づく量

遊びの様子を観察し、片づく時間を計ってみます。5分以上かかるなら、ひとりでは片づけられないので、少し戻すよう声をかけて。

場所を決める

子どもの手が届きやすい場所を選び、絵つきのラベルなど、中身をはっきりと示します。仲間どうしや遊ぶ頻度でグルーピング。

楽しく片づけられる工夫

タイマーをセットしたり、音楽を流したり。「ここまで」とリミットを決め、子どもの挑戦欲をかき立てます。

「もらいもの」の収納は整理のチャンス

大きなおもちゃを買うのは、クリスマスと誕生日の年2回と決め、やたらと増えないようにしています。やっかいなのがタダでもらうもので、ファストフードのおまけや病院の「がんばったね」シールなどが、いつの間にか増殖。もらうスピードに収納スペースが追いつかず、引き出しのあちこちに紛れ込んでいます。

これらの「なんとなくもらったもの」は、初めのうちこそ喜んで遊ぶものの、時間が経つにつれて存在を忘れ、ぞんざいに扱いがちに。子どもも薄々そのことに気づいていて、「自分が好きで買ってもらったものではない→すぐにどうでもよくなる→手放すならコレ！」と理解しているよう。

最近では、もらってきた「タダもの」が引き出しに入らないと、「コレ、入りませーん！」とあっさりと処分。すかさず「前もらったやつ、コレももう遊んでへんやん」というと、「もう、いらん！」と抜き取ってポイ。

整理がどんどん進んで、引き出しがスッキリ。ものを見直すいい機会になっています。

コレ、
入りませーん！

「見直しどき」を見逃さない

息子は誰に似たのか片づけ優等生で、朝起きたら、まず、寝室のぬいぐるみを元の位置に戻す人。だから、収納のしくみを作ったあとは、日々の管理を任せています。

とはいえ、一緒に遊んでいると、違和感を覚えることが。「最近、あのおもちゃで遊んでいるところ、見たことないな」（飽きた？もう使わない？）、「プラレールの引き出しに、色鉛筆が入ってる！」（お絵描きの引き出しが容量オーバー？）……。

こんなときは、すぐに手を打つようにしています。面倒くさがって見直しを怠ると、子どもが自分で片づけられないという怖い状況に。こまめな改善が、「子ども任せ」につながるのです。

上の隙間に本を重ね出したら、ＳＯＳのサイン。スペースと量が合っているか？　片手ですんなり戻しているか？　などをチェック。

子どもがごきげんなときも、見直しのチャンス。遊びに誘うように、「一緒にやろう！」と声をかけて。

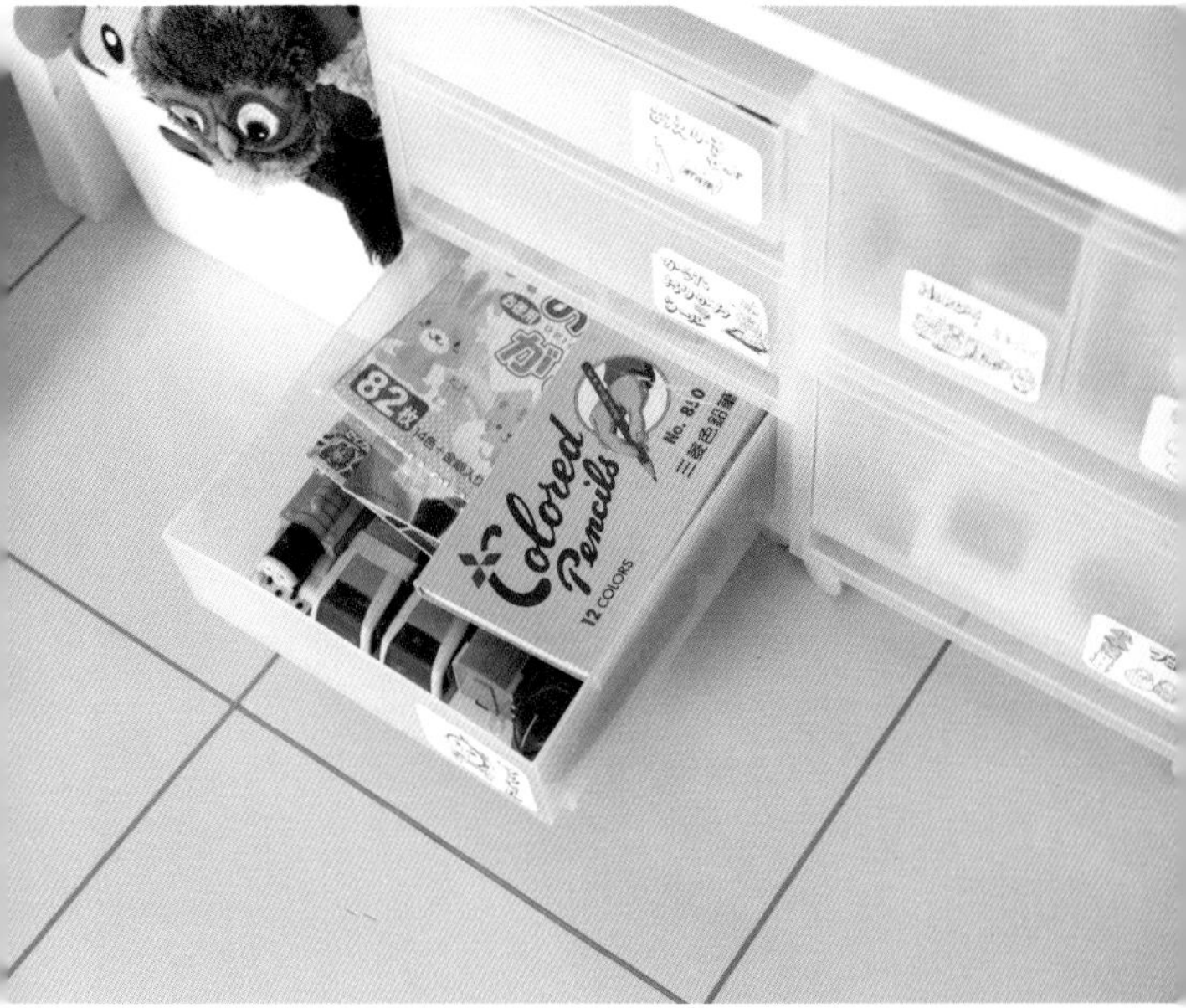
82枚
Colored Pencils
12 COLORS
三菱色鉛筆

Kid's Space

セカンドリビングの一角を子どものスペースに。ダイニングから見えるので、家事をしながら会話が楽しめます。家具は子ども用を選ばず、大人と同じものを。その代わり、インナーケースでひと工夫。

本棚収納

子どもゾーン

子どもが届きやすい下段に、おもちゃや絵本を。仲間どうしを集め、見てわかる簡単な収納にしています。見えづらい、引っ掛かるなど、小さなストレスにも耳を傾けて。

小さな本

隙間に埋もれがちなミニブックは、ファイルボックスで指定席を。ボックスの背を倒して置けば、本を持ち上げずに出し入れできます。

絵本

本を引き抜いたあと、パタンと倒れないよう、ブックエンドでサポート。ブックエンドの底板を立てると、本をスッと押し込めます。

シールOKの場所

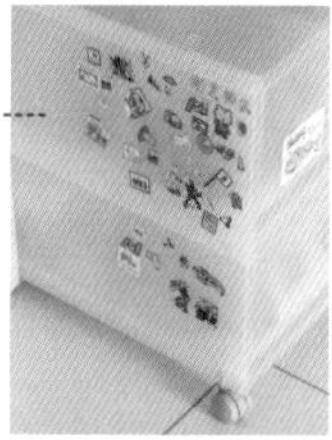

あちこち貼るシールは、場所を限定し、貼り放題に。引き出しの側面なら、しまえば隠れるので、見た目も気になりません。

引き出せる収納

引き出しにキャスターをつけ、おもちゃを遊ぶ場所に移動できるように。「使う⇔しまう」の動線が短いので、片づけが億劫になりません。

かるた・折り紙

かるたや折り紙は、段々畑のように、大きなものから順に重ねて。上から全種類が見えるので、目当てのものがパッと見つかります。

パズル

フルオープンタイプのドキュメントファイルを採用し、出し入れをしやすく。ポケットには、完成図と紛失ピースを請求するサービス券も。

絵や工作

どんどん増える子どもの絵や作品は、1年1ファイルと決め、そのほかは処分。総量を決めることで、安易に取り置くことを防ぎます。

見て楽しみたいおもちゃ

壁に棚を取りつけ、ミニギャラリーに。しばらく眺めておきたい作品や、分解したくないおもちゃを飾り、子どもの「しまいたくない」に対処。

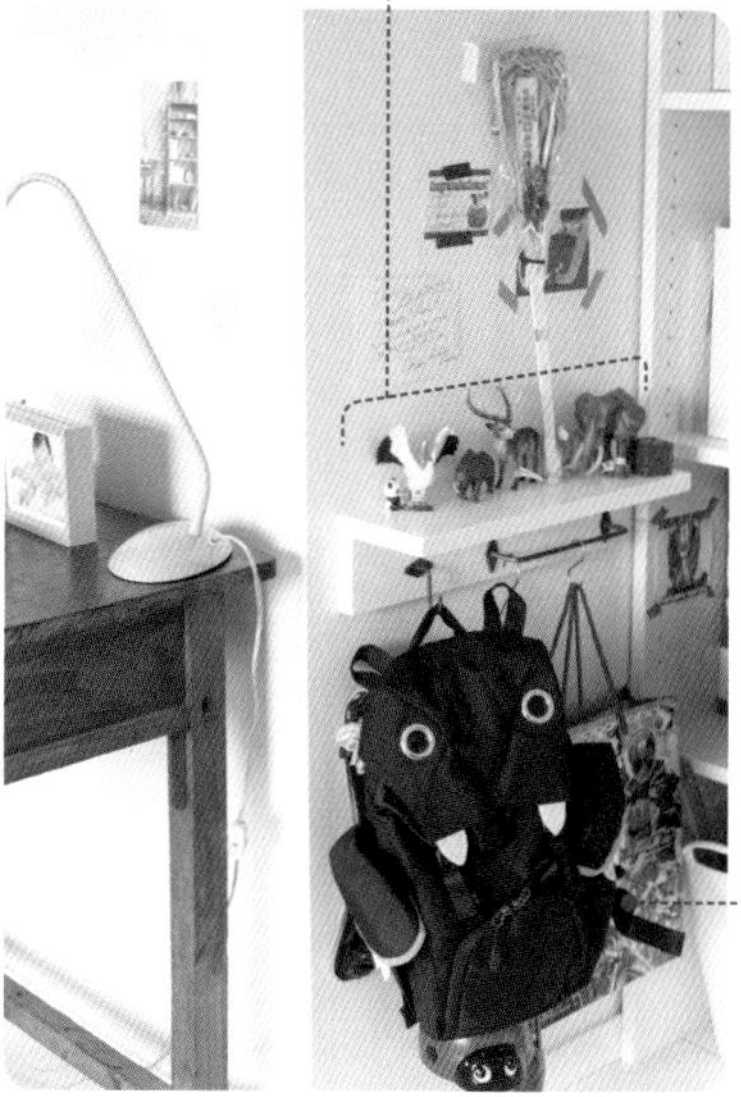

分類できないおもちゃ

分類しづらいおもちゃは、大きさ別に2つのケースに。逃げ道があれば、しまい場所に迷わず、サクサク片づけられます。ただしひとつずつに。

工作の材料

お気に入りの紙袋を収納に活用。中に空き箱やトイレットペーパーの芯など、工作の材料をしまっています。「袋に入るだけ」と約束。

セット収納＝仲間どうしがわかりやすい

「お母さん、アレどこー？」と聞かれずにすむよう、収納は「わかりやすさ」を第一に。仲間どうしを集めたセット収納なら、子どもがイメージしやすく、探すのに迷いません。

たとえば、おもちゃのフライパンは、食材玩具とまとめて、ままごとセットに。この引き出しを持ち出せば、すぐにお料理ごっこが楽しめ、片づけるときもザッと放り込めばＯＫ。「お料理ごっこは、この引き出し！」と覚えやすいので、子どもには効果的です。

ほかにも、ペンやクレヨン、色鉛筆などの文房具をまとめた「お絵描きセット」など、わかりやすいグルーピングを。

おもちゃや文房具は、子どもの流行りに伴って変化するので、ときどき「よそ者」が混じっていないかをチェック。これは、私の仕事です。

ラベルは絵入りが◎

シールに中身の絵を描いて、引き出しの正面にペタリ。まだ字が読めない息子には必須で、記憶のサポートにも。

LEGO.com
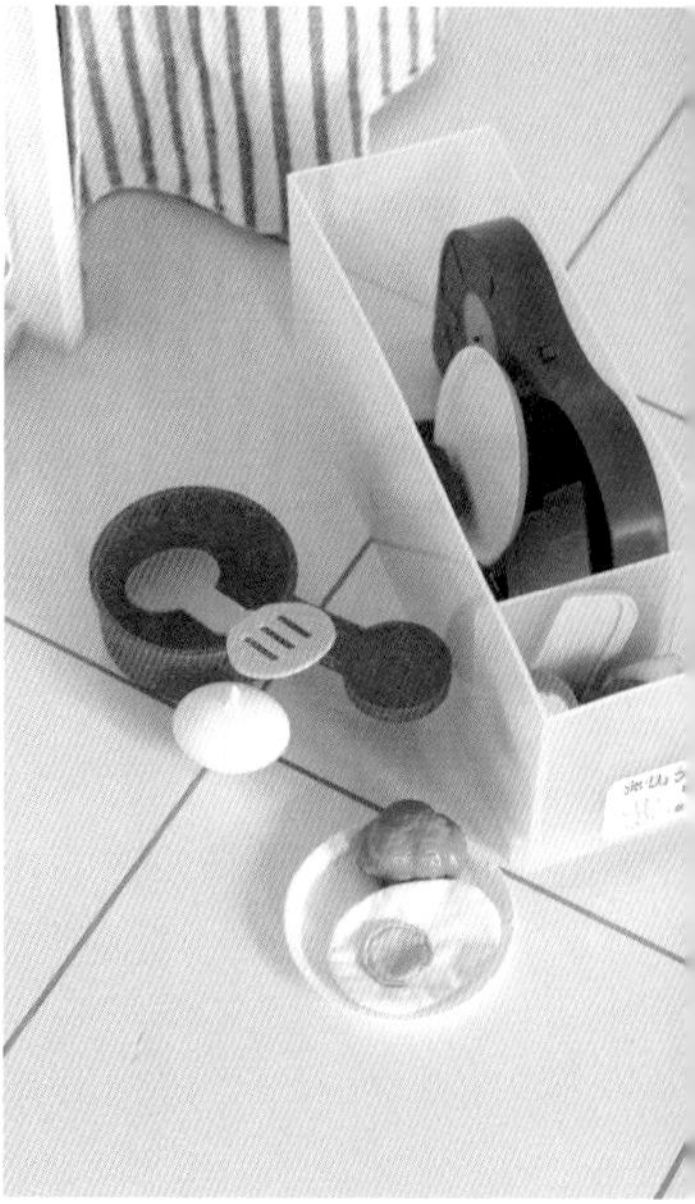

子どものダメ出しに耳を傾ける

家の片づけに向き合うため、整理収納を学び、最初に見直したのが、子どものおもちゃ収納。勉強したことを生かし、できる限りの工夫を凝らしたつもりでした。

ところがある日、ミニカーの収納について息子からダメ出しが。片づけ下手な自分を基準に、ざっくり放り込むだけの収納にしたところ、「１台１台ちゃんと並べたい！」といってきたのです。

そのとき、我が子といえど自分とは違う人間で、収納も人それぞれであることを痛感。整理収納の学びで知った「本人がいいと思う方法が正解」を落とし込めた瞬間でした。

以来、小さなことでも本人の意見をちゃんと聴くように。今では、息子からの提案も増え、頼もしい限りです。

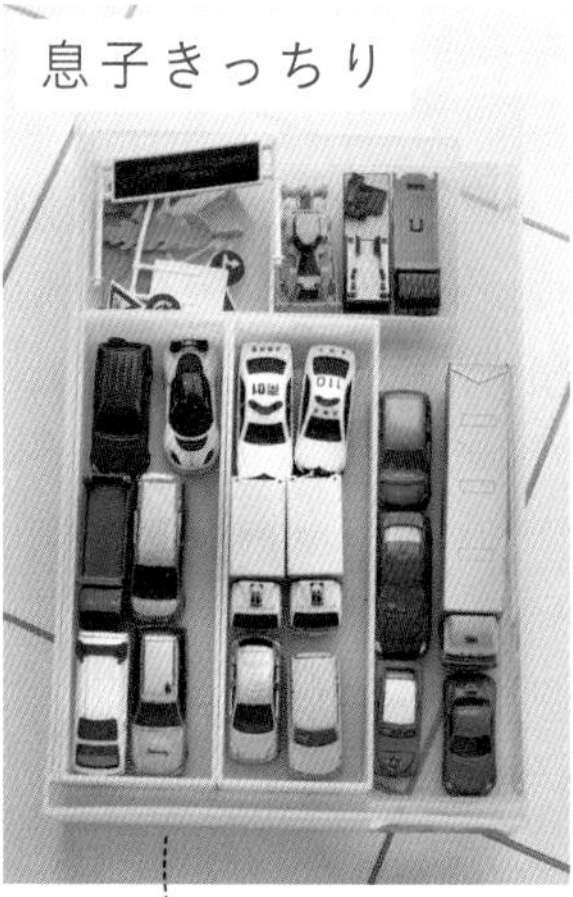

息子きっちり

母ざっくり

今は缶の中がお気に入り

今はお気に入りのカンカンに、ざっくり放り込み式に。並べたい願望は、どうやら一過性のものだったよう。

チェスト収納

アンティークのチェストに収納ケースを足して、使いやすく。ダイニングから目が届くので、着替えや幼稚園グッズを収納し、朝の支度を見守っています。

園服(オフシーズン)

季節外や予備の園服を分け、夫も準備をしやすいようにしています。ラベルはクリップではさむだけにし、入れ替えに対応。

園服(オンシーズン)

今着ている園服やスモックを収納。ハンカチ、ポケットティッシュ、タオルなどもまとめ、あちこち取りに行く手間をカット。

明日のお支度セット

前日に着替えをセットしておき、朝子どもが身につけるだけに。小さなボックスは名札用で、帰宅後に園服から外してイン。

ボトムス

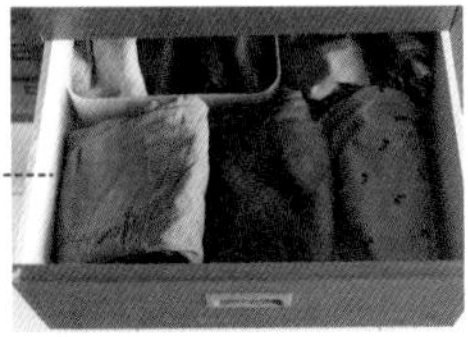

出し入れしやすい前列に、よくはくパンツをざっくりたたんで。レギンスはボックスに入れて、紛れ込みを防止。

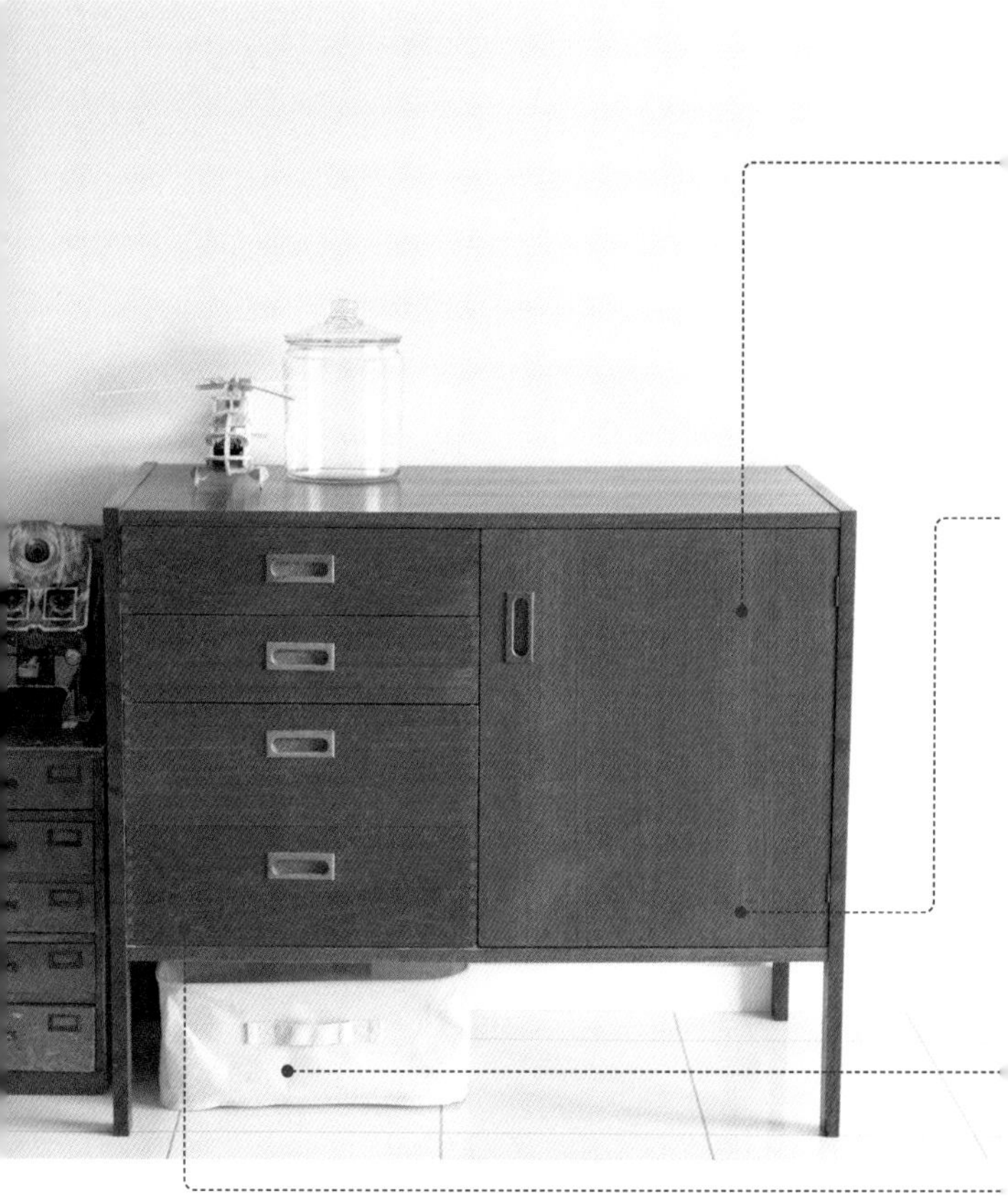

長袖シャツ

たたんだロンTを前後2列に収納し、前列によく着るものを。引き出しを少し引けばいいので、取るのも戻すのもラクチン。

靴下

引き出しの開閉で靴下が動かないよう、インナーケースを活用。2つ用意し、丈の長さで入れ分ければ、選びやすくなります。

Tシャツ

Tシャツは立てて入れて、全種類がわかるように。ブックエンドで仕切り、よく着るタンクトップを分けています。

隙間を活用！

画板

お絵描きで床やテーブルを汚さないよう、チェストの後ろに画板をスタンバイ。サッと出し、サッとしまえるので、子どもが自分で用意できます。

「ただいま」から「おやつ」まで

片づけ動線追っかけ隊

start!

1

玄関で鞄の中身を出す

部屋に入るとくつろいで、片づけが億劫に。幼稚園モードのときに、鞄から弁当箱や水筒を取り出して。

2

お母さんにお便りを渡す

幼稚園から預かった連絡ノートやお便りを渡すのは大事な仕事。子どもは任務を果たすため、真っ先にお母さんの元に。

3 弁当箱と水筒をシンクへ

玄関に戻り、弁当箱や水筒をピックアップ。水筒は中身が残っていたら、シンクに流し、ストラップを外して。

4 歯ブラシは冷蔵庫の指定場所に

冷蔵庫の綿棒ケースに、歯ブラシと水筒のストラップを収納。ケースは穴を開け、フックを差し込んでグラつかないように。

5 汚れた靴下を浴室に

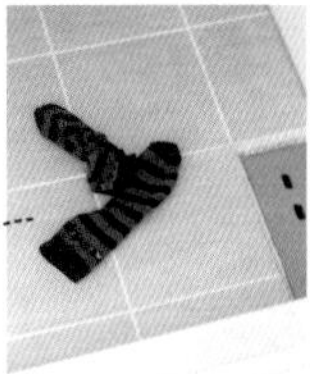

玄関で脱いだ靴下を浴室の洗い場に。脱ぎっぱなしにせず、ステップをひとつ前に進めれば、母の仕事はラクになります。

6 洗濯物入れにタオルをポイ

再び玄関に戻り、こんどはタオルをランドリーへ。普段は棚に置いている洗濯かごを、子どもが入れやすいよう、下に下ろして。

7 帽子と鞄をフックに引っ掛けて

中身が空の鞄と帽子を、壁に取りつけたフックに。運ぶのが面倒な大きなものは、できるだけそばに収納場所を設けます。

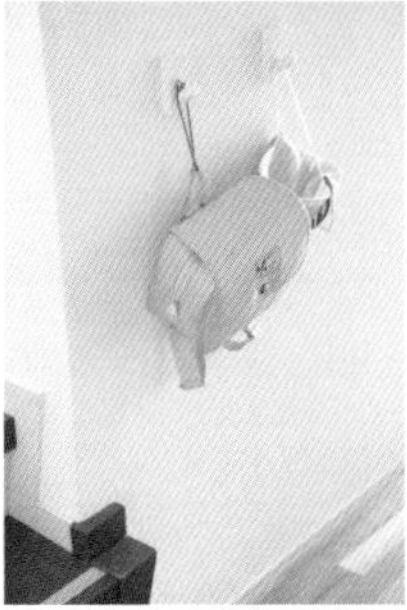

8 手を洗う

洗面台に踏み台をセットし、うがいや手洗いをすませます。使用後は踏み台を元の位置に。

9 名札を「明日のお支度セット」に

体操服から名札を外し、セカンドリビングの名札入れに。空いたところには、翌日の着替えが入ります。

goal!!

お手伝いはやりたがることをちょっとだけ

うちの息子は小さい頃からお手伝いが大好き。私が掃除を始めたら、「僕も－」と近寄ってきます。じゃあとお願いしたら、単に掃除道具を触りたいだけだったり、ちょこっとしてすぐ飽きてしまったり……。

心のなかでは「邪魔やなぁ～」と思いながらも、いずれは戦力になって欲しいという下心があるので、やりたがることをちょっとだけやらせるように。ただし、小さなルール(たとえば「使った道具は自分で戻してね」など)を決めて、「守ってね」と約束。お手伝いはしょせん遊びと割りきることで、私のイライラも軽減されました。

こちらから頼むときは、掃除機や粘着クリーナーなど、好きな道具を使う掃除を。また、「タオルタワー！　どれだけ持てるかなゲーム」や「洗濯物はジャンプでキャッチゲーム」など、○○ゲームと名づけると楽しそうに聞こえるのか、子どもは必ず乗ってきます。

「きっちり」や「ちゃんと」を求めず、「ありがとう！」をたくさん伝えると、お手伝いは2人にとって楽しいものになります。

大好き！　家電を使って

ゲーム感覚で

野菜のカットはお子さまシェフにお任せ

お料理ごっこが大好きな我が息子。1歳から始めた野菜のカットも、気がつけば早3年。今やかなりの実力で、週末に作り置くスープの材料は、彼が切ってくれます。

もちろん、始めた頃はつきっきりでコーチング。かえって手間がかかりイライラしたこともありましたが、徐々に教えるコツをつかみ、今では安心して見守れるように。

そのためにも、道具は慎重に選び、たとえば包丁は食事用のナイフで代用。また、ザクザクッと一定のリズムで刻めるよう、野菜は皮をむいてスティック状に切っておきます。

面倒な食事作りを「さぁ、早くやろう!」といってくれる息子。一緒に作ってくれる人がいると、母もがんばれます。

野菜は棒状に切り、端からトントン刻むだけに。切る作業に没頭できるよう、お膳立てはしっかりと。

食事用のナイフを包丁代わりに。うっかり手に当たっても切れないから安心。

1日買い物隊長で「アレ買ってー」を封印

子どもが売り場を自由に歩き回って困ること、ありませんか？　それって親のペースにつき合っているからで、子どものペースに親が合わせれば、解消されるように思います。

「今日のお買い物任すわ。買わないアカンものいうから、絵で描いてみて～」と買い物の主導権を子どもに委譲。すると、顔がパッと明るくなって、やる気モードに。スーパーでは、息子が好きな海賊アニメを例に挙げて、「このメモは宝の地図やで！　さぁ、上手に地図にあるお宝をゲットしておくれ～」というと、張りきってズンズン。母はかごを持ってついて行くだけという気楽さです。

いつもは立ち止まってひと騒動なヒーロー系食玩コーナーも素通りし、買い物もあっという間。母は万々歳！　です。

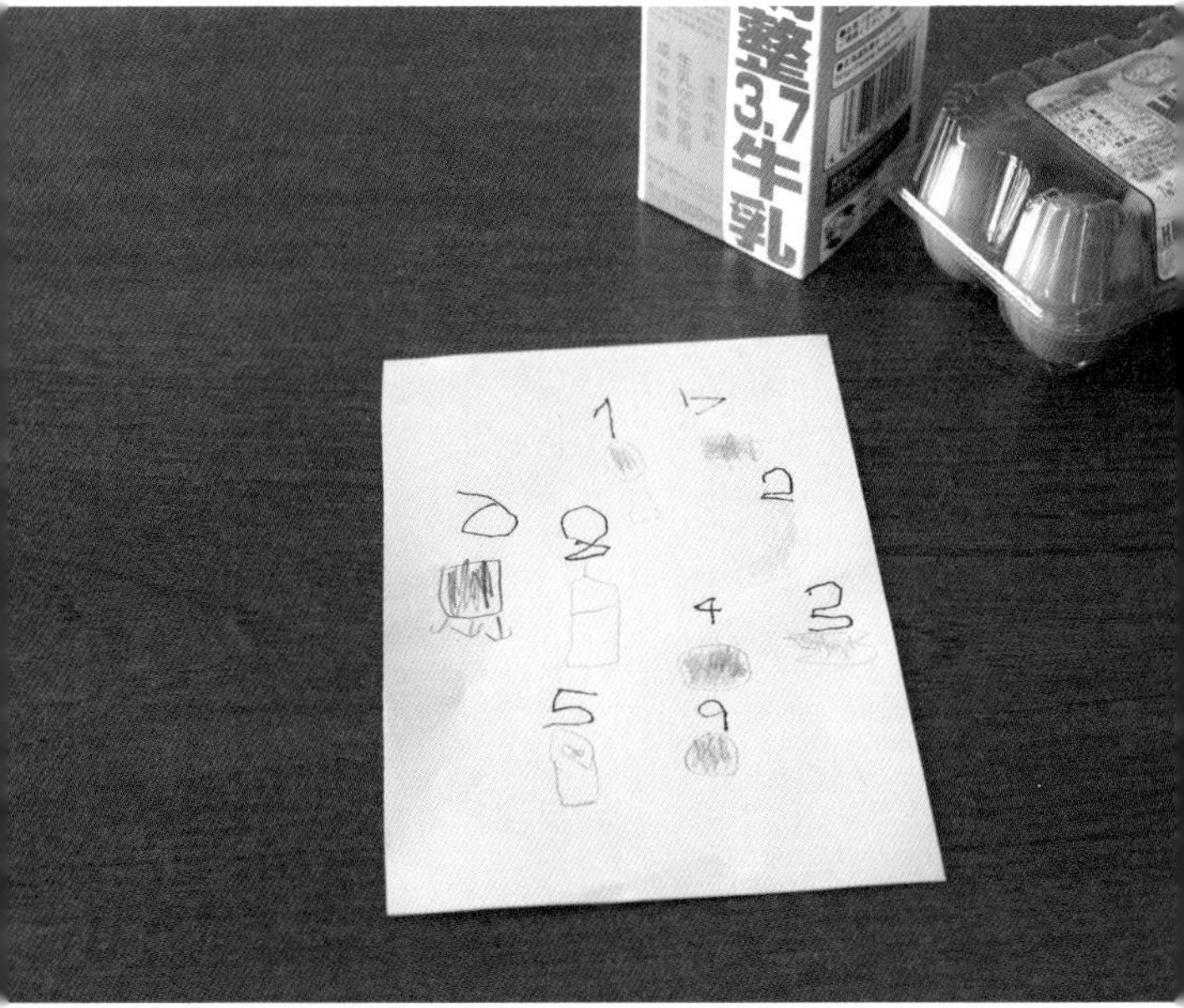
3.7牛乳

column

子どもプリントは緊急度に応じて

毎日持ち帰るプリントは、緊急度や保管期間で分け、それぞれに合った場所へ。情報を整理し、忘れ物を防いでいます。

緊急度

高 ― 低

玄関ドア ＋ クリアファイル

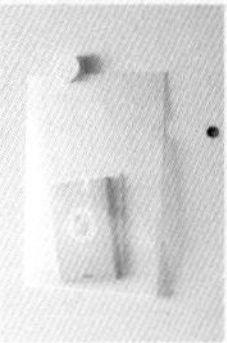

明日提出する書類は、玄関のドアノブそばに用意し、忘れないように。マグネットつきクリップにクリアファイルをはさみ、その中へ。

廊下 ＋ マグネット

玄関に通じる廊下の防火扉に、直近のイベント案内や提出日が先の書類をマグネットでじか貼り。通るたびにちょくちょく確認し、頭にインプット。

廊下 ＋ ポケットファイル

ポケット式のファイルには、月間スケジュールやバスルート・時刻表など、一定期間保管するものを。パタンと閉じられるので、来客時はスッキリ。

本棚 ＋ ファイルボックス

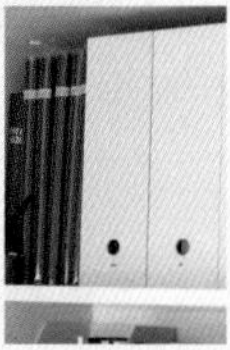

念のため、取っておきたいプリントは、本棚のファイルボックスに。1年ごとに見直し、不要なものは処分しています。ボックスはひとつだけに。

アプリも併用

外出先から子どもの予定や提出物がわかるよう、アプリ「おたよりBOX」でデータ保存。プリントの紛失を防ぎ、探す手間をカットできます。

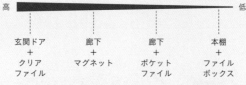

chapter 5

おしゃれも自分流

アラフォー「おしゃれ迷子」のおしゃれの落としどころ

告白しますが、私のクローゼットの8割は気に入らない服。つまり、残りの2割で日々の装いをまかなっていることになります。30代後半に「おしゃれ迷子」期に突入し、今、まさに見直し中。

20代の私は『VOGUE』に憧れ、ハイファッションを眺めてはウットリ。30代に入り、結婚→出産を経て、いわゆるママファッションに。産後の体形の変化と子育て中心の生活で、何を着たらいいのか、そもそもどんな恰好がしたいのか、わからなくなりました。

その後、仕事で外出の機会が増え、行動範囲が激変。着ていく服がなく、本気で「ファッションをどうにかしたい！」とクローゼットの見直しを開始。少しずつ必要なものを買い足し、アップデートしています。

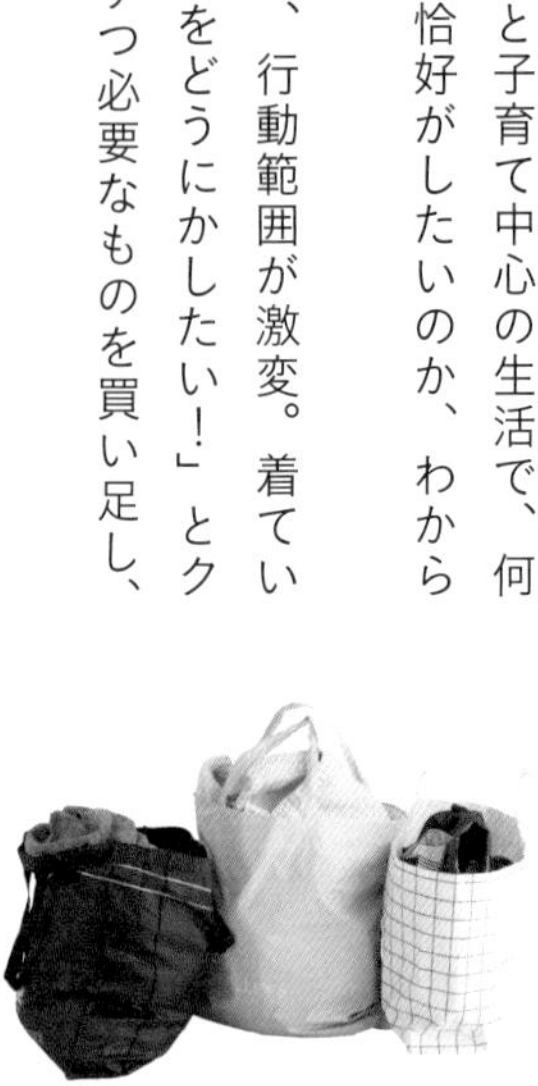

処分検討中の服がこんなに！

まず最初に買ったのは、カッチリしたシャツと紺のジャンパースカート。持っているザ・カジュアルにも合う中間服を取り入れ、キレイめを目指しました。また、「したい恰好」に立ち返り、「どう取り入れるか？」を考えて探すように。そこで導入したのが、今まで手を出したことのなかった白いパンツ。これが新鮮で、着回しがきいて重宝しています。

いくつになってもおしゃれを諦めたくない気持ちは20代と一緒。そのためには、自分の「好き」を再確認し、今の体形と向き合うこと。あとひと押しのテクニックを身につけ、「なりたい」と「似合う」の両方がぴったりきたとき、「おしゃれ迷子」を卒業できそうな気がしています。

上）白シャツ×紺のジャンパースカートは、カーキのミリタリージャケットで着崩して。思いきって素足を見せることで、抜け感が生まれます。下）いつものスニーカーも白のマキシワンピを組み合わせると、大人っぽい雰囲気に。

お手製コラージュノートで「好き」を再確認

30代で「おしゃれ迷子」になったとき、真っ先に開いたのが写真のコラージュノート。『VOGUE』、『FUDGE』、『InRed』など、20代に買い集めたファッション誌の切り抜きをスクラップしたもので、自分の「好き」を再確認するのに役立っています。

あの頃好きだと思ったものは、流行に関係なく今でもやっぱり好きで、多分これからも好きなんだろうなと思わせるものばかり。私のおしゃれの原点がそこにはあって、迷子になるたびに引き戻してくれます。

着るものに悩んだら、まず「好き」に立ち返ること——。

私の場合、文字よりも、写真や絵を見ることで、イメージがつかみやすいので、コラージュノートを定期的にアップデートします。すると、目指すファッションの方向性や、今後の買い物計画がはっきりし、失敗の予防に。

また、物欲があふれて止まらないときも(しょっちゅうです!)、欲しいものを絵で描いてアウトプットすると、冷静になって衝動買いを阻止できます。

試着室での「モヤッと感」をスルーしない

「アチャー、またやってもうたー」。

そんな買い物の失敗はもうしたくないので、過去を振り返って、反省してみました。私の場合、試着室で感じた「モヤッと感」をスルーしていたことに、主な原因があります。

「似たようなアイテム持ってるやん」。

「手持ちのどのアイテムに合わせるん？」。

「かわいいけど……太って見えへん？」。

これらのサインに見て見ぬふりをし、ただ買い物の高揚感が欲しくて買ったものは、結局タンスの肥やしになっていたのです。

このことに気づいてからは、ちょっとでもモヤッとしたら、試着した姿を写真に撮って売り場を離れることに。一旦頭を冷やして写真を見ると、やっぱり問題ありなことが多く、ムダ買い防止に役立っています。

身長で検索がかけられるアプリ「WEAR」で徹底リサーチして、お店へ。好みが似た人のコーディネートが、参考になることも。

「ザ・カジュアル」からの卒業

ボーダーカットソー、デニム、スニーカー、トートバッグ……。私は昔からカジュアルな恰好が好きで、着ていてラクなことから、出産後も変わらずに愛用していました。

ところがある日、「うわっ、顔が負けている！」とショックに。年齢のせいなのか、「ボーダーカットソー×デニム」という「ザ・カジュアル」なファッションが似合わず、恥ずかしく思えたのです。

そこで、いつものカジュアルな恰好に、キレイめのアイテムをプラスすることに。カッティングのブラウス、シャリ感のあるパンツ、女性らしいシルエットのワンピ……。色も清潔感のある白や紺を中心に、カーキも加えてコーデの幅を持たせました。すると、スニーカーやトートバッグを合わせても、カジュアルになりすぎず、年齢に見合ったファッションに。

カジュアルのラクさや心地よさはそのままに、「キレイめ」や「清潔感」を足す。これが、40歳を目前にした私の、おしゃれの落としどころです。

3. Aライン シルエット

1. シャリ感のある素材

2. 色は白・紺を中心に

1.表面に光沢のあるパンツを選ぶと、トップスにカットソーを組み合わせても素敵。2.綿素材でも白や紺なら、上品な雰囲気に。差し引きコーデに使えるカーキも1着。3.女性らしいシルエットのワンピは、カジュアルのラフな印象をおしゃれに変えてくれます。

襟と袖は大事！

好きなデザインの服なのに、着てみるとどこかしっくりこない――。そんなとき、私の場合は襟と袖の形が合っていないように思います。

私は背が低く、どちらかというと馬面なので、Vネックや丸く大きく開いた襟は、縦のラインが強調されて似合いません。胸元が間延びして見え、なんだかバランスが悪いのです。同じ理由で、開襟シャツも手を出さないアイテムです。逆に、ボートネックやクルーネックなどの首元が詰まった襟は、胸元の納まりがよく、しっくりきます。

一方の袖は、肩幅が狭くなで肩のため、肩のラインが出るシャツはNG。ふんわりとしたドロップショルダーやバルーン袖のほうが、キレイに着られます。袖丈は七分や八分の半端袖。腕が短い私は、手首を見せることで抜け感が生まれます。

自分に似合う襟や袖がわかっていると、ネット通販の絞り込みサーチで、お店を見つけるのが簡単！　探す手間が減り、買い物の失敗を防ぐこともできます。

おしゃれの仕上げは「勇気」

ファッション雑誌でよく見かけるモデルのスカーフ巻きは、私の憧れ。でも「私には似合わないかも」、「近所を歩くと浮くかも」など、周囲の目を気にしてできませんでした。

以前ターバンが流行ったときに思いきって試してみたら、顔回りがパッと明るくなり、いい感じに。そのとき、「おしゃれは羞恥心より、自己満足が勝ち！」と気づいたのです。

以来、若い頃は似合わないと思っていた大ぶりのアクセサリーや赤い口紅にもチャレンジ。今は「おしゃれは勇気」の精神で、年相応のおしゃれを楽しんでいます。

キラキラ光るビーズやパールつきのピアスで、顔回りを明るく。右のブレスレットはビンテージ品で、存在感が抜群。つけ慣れないものほど、「おしゃれしてる！」気分に。

ドット、ペンギン、流線形……。おしゃれ難度が高そうな柄物も、スカーフなら気軽に取り入れられます。それに、朝の身支度がラクで、ズボラな私にぴったり！

靴とバッグでおしゃれのさじ加減

靴やバッグは大好きですが、子どもが生まれてからは、スニーカーとリュック中心の装いに。おしゃれよりもラクが優先し、今もそれは変わりません。

それでも、「時々はおしゃれを楽しみたい！」と思って選んだのが、写真のエナメル靴。黒は、子どもに踏まれて汚れても目立ちませんし、服を選びません。エナメルなら、ヒールのないぺたんこ靴でも、キレイめに仕上がります。

また、カジュアルな恰好に合わせると、ドレスアップしてモードな雰囲気に。フォーマルな印象で難しいと思われがちなエナメルですが、たとえばカーキのカーゴパンツなどをはくと、かえってこなれて見える気がします。

かごバッグは昔から好きで、バッグに合わせて服や靴を選ぶことも。ボーダーカットソーを合わせてナチュラルに着こなしたり、おしゃれなヒールサンダルを履いてちょっとハズしたり。自然素材ならではの素朴さがミックスされて、気取らないおしゃれを楽しめます。

ふだん靴は……

スニーカー3足をローテーション。「ザ・カジュアル」にならないよう、服はキレイめを。コンバースやニューバランスが好み。

黒のエナメル靴

私のなかでの「こなれたおしゃれアイテム」。手持ちのカジュアル服にガンガン合わせます。ローファーはGAP、ブーツはBOEMOS。

かごバッグ

右がマルシェかごで、左がサイザルかご。サイザルかごは、甘すぎないグレーがアラフォーコーデに最適。寒色で、夏服との相性もよし。

いつもバッグは……

リュック、トートバッグ、ショルダーバッグの3つを用途に応じて使い分け。色は、服に合わせやすい黒や紺を。

Closet

玄関隣の部屋をクローゼット兼納戸に。チェストやハンガーラックを置いて、衣類や日用品のストックを収納しています。右はイケアのユニット収納。奥が夫、手前が私のワードローブです。

クローゼット 収納

毎日出し入れする衣類は、アイテムで分け、スペースに余裕を持たせています。バッグの中身や郵便物の整理をする場所も確保。

バッグの中身

バッグは行き先や用途で替えるので、中身をしまう場所を。夫婦それぞれのボックスを用意し、リップや制汗シートなどこまごましたものを整頓。

靴下

靴下専用引き出し。「冷え取り」を実践中のため、シルクやコットンの靴下がたくさん。手に取りやすい最上段で、出し入れをしやすく。

下着

下着は少なく持って、ダメージが気になったら総取り替え。買い替えのタイミングを逃さないので、1年中快適な状態を維持できます。

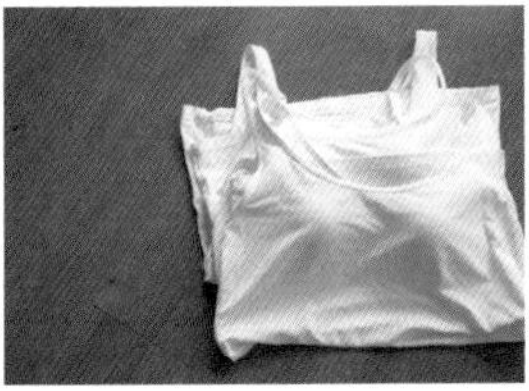

寝間着・肌着

仕切り板2枚をクロスさせて、引き出しを4分割。カットソーやレギンスを分けて入れ、ごちゃ混ぜになるのを防いでいます。

レシートやDMは帰宅後すぐに処理

上着を掛けたら、レシートや郵便物の整理をし、溜めない工夫を。バッグの中身を戻すついでにレシートを取り出し、スマホで写メ。アプリ「Dr.wallet」に送信すれば、家計簿をデータ化してくれます。いらないレシートは、左手のゴミ箱へ。郵便物もここで振り分け、シュレッダーにかけるものはボックスに一時保管。

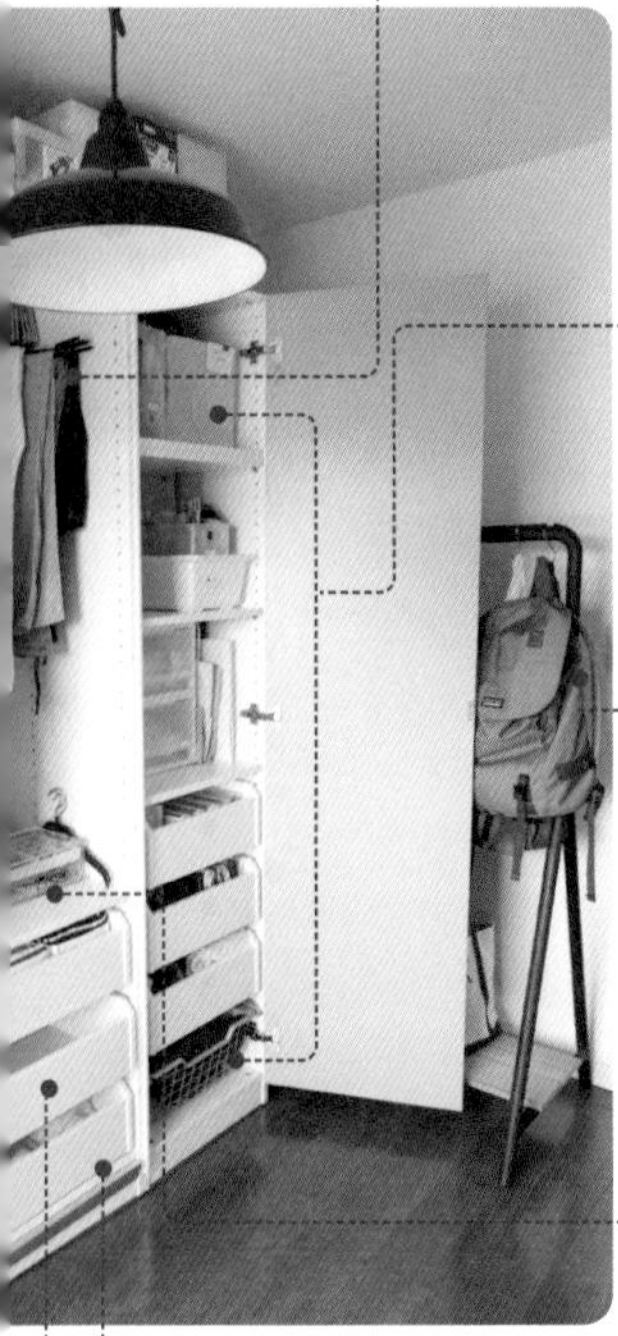

ボトムス

たたむとシワが気になるキレイめのパンツは、二つ折りにしてハンガーに。「マワハンガー」(P184)なら、すべり落ちてぐっちゃり、を阻止。

外で使うもの・日用品のストック

マスク、カイロ、紙袋など、外に持ち出すものは、玄関に近いここに。ティッシュペーパーなども、購入後の収納が便利です。

バッグ

入口付近にハンガーラックを置いて、普段使いのバッグ置き場に。片手で取れるよう、1フック1バッグが鉄則。

アクセサリー

ボトムスの下に、アクセサリーを。ここなら洋服で陰にならず、選ぶのが容易です。専用のボックスに小分けして、見つけやすく。

枕カバー・シーツ

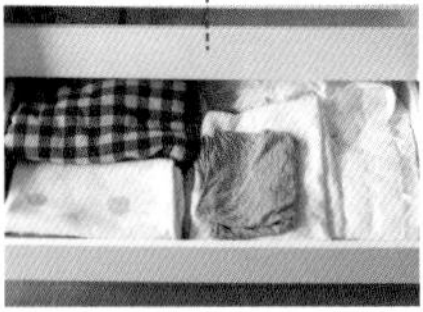

最下段には、枕カバーやシーツの洗い替えを。大→小の順に重ね、ものの所在をわかりやすくしています。寝室は隣なので、装着もスムーズ。

予備の靴

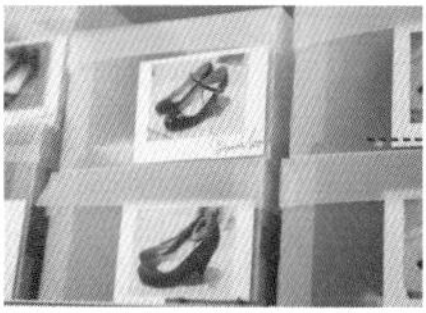

季節や場所を選ぶ靴は、クローゼットに。「誰のどんな靴か」がわかるよう、靴の写真を撮り、名前を記入しています。

ニット

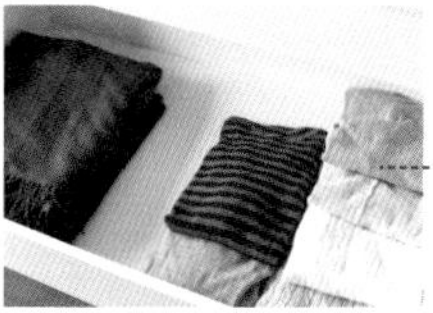

たたんだニットは、上から種類がわかるよう、段違いに重ねて。目当てのものが見つかりやすく、身支度がパパッと整います。

カットソー・たためるボトムス

不織布の仕切りケースを並べ、外用と家用を分けて。シワが気にならないカジュアルなパンツも、引き出しの高さに合わせてたたんでイン。

愛用品図鑑

家事がラク&楽しくなるグッズ

掃除道具からインテリアまで。
暮らしの道具は、
やる気を上げる
大事な要素のひとつです。
「好き」と「ラク」の
視点で選んだお気に入りを
ご紹介します。

掃除・洗濯用品

スポンジ

やっと見つけた白のスポンジ。目の粗い面があり、泡立ちと水きれが抜群。食器洗い用。ウレタンフォーム 三層スポンジ／無印良品

目地ブラシ

先端の毛が斜めにカットされていて、隅まできちんと届きます。全身白で、出しっぱなし収納でもOK。タイル目地ブラシ／無印良品

スクィージー

卵形の柄が握りやすく、動きがスムーズ。幅21cmと小さめなので、小回りがききます。スクィージー／OXO

洗濯ピンチ＆ピンチかご

清潔感のある白。スリット入りでしっかり水がきれるかごは、浴用おもちゃ入れに。ASTピンチかご、ASTピンチ16個入り／ケユカ

洗濯板

手のひらサイズで、子どもでも持ちやすく、靴下洗いに重宝しています。ブナ材で耐久性もバッチリ。栃木の洗濯板ミニ／松野屋

石けん

子どもの靴下や上履きについた泥汚れが、とにかくよく落ちます！白物は白さも復活。ウタマロ石けん／東邦

収納用品

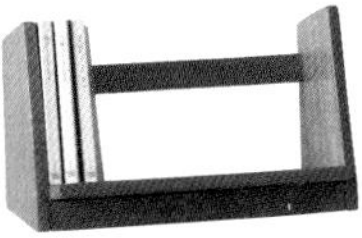

木の本棚

置く場所を選ばない、コンパクトなサイズ。傾斜がついて手に取りやすいので、出し入れがスムーズ。昔、古道具屋で見つけたもの。

リングホルダー

円錐形のデザインがミニマム。白磁製で、安っぽく見えないところもお気に入り。白磁リングホルダー／無印良品
※指輪は私物です。

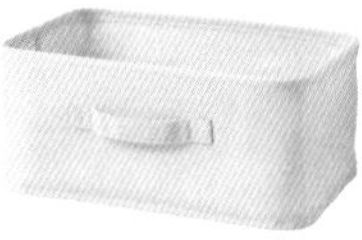

布製ボックス

柔らかい素材で、ぶつかっても安心。中は水拭き可能なコーティング仕様。ポリエステル綿麻混・ソフトボックス 長方形小／無印良品

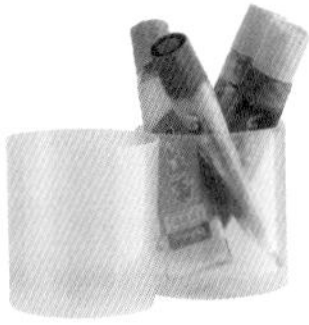

綿棒の空き箱

引き出しに収まる高さで、こまごましたものを立てて収納するのに便利。薬味チューブ、お弁当ピック、夫のシェーバー入れなどに。

医療用トレイ

業務用ならではの計算されたデザイン。カッコいいステンレス製で、空間が締まります。歯ブラシスタンドをのせて。

ホーロー キャニスター

美しい光沢と温かみは、ホーローならでは。キッチンでメラミンスポンジの収納に使用。野田琺瑯社製の「月兎印」シリーズ

すべらない ハンガー

ドイツ製の「マワハンガー」は、特殊な加工でニットやブラウスがすべり落ちません。薄くてかさばらず、省スペース収納におすすめ。

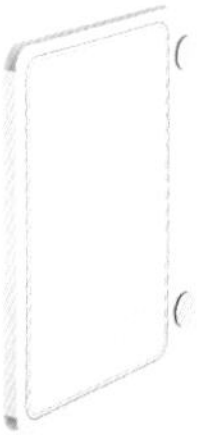

マグネットつき ファイル

プリントをポケットに収納できるので冷蔵庫がスッキリ。スキットマン冷蔵庫ピタッとファイル(見開きポケットタイプ)／キングジム

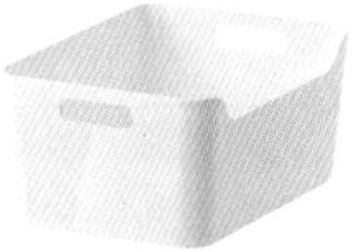

白のプラケース

値段以上の高級感。丈夫なつくりでものを入れてもしならず、持ち運びがラク。VARIERAボックス／イケア

キッチン用品

竹の椀ざる

手仕事の技がすばらしく、視界に入るだけでトキメク椀ざる。水きりかごとして、口が欠けやすい土物の食器を洗うときに使用。

お盆各種

小ぶりな1膳用で、木目や漆塗りなど多種類を保有。食器の上げ下げが1度ですむのはもちろん、器との相性を考えるのも楽しみ。

ドット柄の5寸皿

ヘビロテ率NO.1。縁のゆるい立ち上がりが使いやすく、料理や果物などなんにでも合います。白山陶器の「シェル」シリーズ

staubの黒

黒いボディに真鍮のつまみが素敵。鋳鉄のフタが蒸気を逃さず、煮物がおいしくなります。ピコ・ココット ラウンド／staub

スタンド型のりケース

隙間に立てて収納するために購入。のりを湿気から守り、パリッとした状態で保存します。のりケースたて型／蝶プラ工業

シリコン製菜箸

先端の凸凹で、すべりやすい食材もしっかりキャッチ。小さな手になじむ、ほどよい長さもGood。シリコン菜ばし（ショウ）／ニトリ

消火器

珍しいシャンパンゴールドで、インテリアにマッチ。スリムさも◎。住宅用強化液(中性)消火器　キッチンアイ／モリタ宮田工業

食器ふきん

甘く撚った綿糸を使用し、吸水性が抜群。乾きも早く、衛生面でも安心です。ビストロ先生　やわらか水吸いふきん 大判／サンベルム

ペダル式のゴミ箱

ブラバンシアのペダルビンは、スリムなのに大容量。足でフタが開けられるので、手がふさがっていてもゴミが捨てられます。

雑貨・インテリア

メタリックな入れ物

異素材ミックスのインテリアに欠かせないアイテム。木と組み合わせると、軽さが生まれます。右は「くるみの木」で見つけたバケツ。

ガラスのフラワーベース

背の高い枝物をしっかり支える、安定感のある形。ガラスで抜け感があるので、圧迫感なく飾れます。近所のガーデンショップで購入。

清野学さんの一輪挿し

ほどよいサイズで、棚にちょこっと飾りたいときにぴったり。貫入が美しく、見ていて飽きません。益子焼・清野学さんの作品。

アンティークの小引き出し

日本の古い書類入れで、今は手芸用品を収納。独身時代にネットオークションで1万円程度で競り落としたもの。私の古道具の原点。

ヒンメリのモビール

幾何学的でかっこいいデザイン×ナチュラルな素材のコントラストが大好物。家族を守る魔除けとして、食卓にディスプレー。自作。

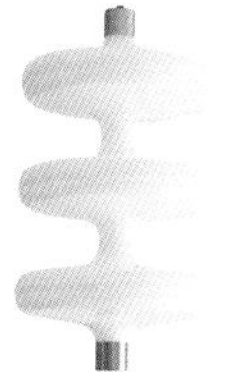

デザイン照明

ポール・ダリーの「LOW YOYO」など照明にモダンなデザインを選ぶと、一気に洗練された雰囲気に。セルジュ・ムーユも好き。

アナログ時計

白いフレーム×黒の文字盤がおしゃれ。直径約12cmと小さめで、さりげなく置けるのも◎。アナログ時計・小(スタンド付）／無印良品

木のスツール

スツールは、1脚あると多用途に使えて便利。椅子のほか、植木鉢や保存瓶を置く台としても。昔、電車で持ち帰った思い出の椅子。

羊毛のラグ

毛足の長さとユニークな形で、置くだけでインテリアのおしゃれ度がアップ。玄関やソファの足元に。LUDDE 羊皮／イケア

epilogue

世の中に暮らし上手さんの本はたくさんあり、私も大好きでいくつも持っています。読むとたしかにモチベーションが上がりますが、それはいっときのこと。魔法はすぐにとけ、ちょっと凹んだ自分がいます。

あぁ、こんなにマメでないと、素敵な暮らしは手に入らないのか……。あぁ、家事や片づけが上手じゃないと、家族は幸せに暮らせないのか……。

そんな過去を持つ私は、私と同じように家事が苦手で、ちょっと人生不器用(?)な方が、読み終わったあとも凹まずにすむ本を目指しました。

家事でもなんでも、がんばって壁を乗り越えなくてもいいことは、じつはたくさんあります。

私は、まず「やりたくない」、「やらなくてすむ」ことを開き直って手放し、自分の気持ちにゆとりを持つようにしました。

そして、そのゆとりを「やりたくないけど、やらなきゃいけない」ことに注入。「がんばり」の

方向性をちょっと変えれば、ダメな自分を変えなくても、理想の暮らしが手に入ることに気づいたのです。

家事の苦手をがんばって克服しなくても、暮らしはいくらでも変えられるということ。

誰かの答えに合わせるのでなく、自分に合った方法を見つければ、もっとラクに生きられるということ。

これは、私が伝え続けていきたいことでもあります。

最後になりましたが、マイナビ出版の茶木さん、編集ライターの浅沼さん、カメラマンの中島さん、デザイナーの葉田さんをはじめ、本書の制作に関わってくださったみなさまに、心より御礼申し上げます。そして、いつもそばで応援してくれる大切な家族に、ありがとう！

田中由美子

◎問い合わせ先

イケア・ジャパン
カスタマーサポートセンター
☎0570-01-3900

株式会社大木製作所
☎03-3931-0140

株式会社キングジム　お客様相談室
☎0120-79-8107

サンベルム株式会社
☎0120-74-7714

積水樹脂株式会社　お客様相談室
☎0120-808-032

株式会社ニトリ　ニトリお客様相談室
☎0120-014-210

無印良品　池袋西武
☎03-3989-1171

モリタ宮田工業株式会社　お客様相談室
☎0467-85-1210

（本書で紹介した商品は2016年9月現在のものです。仕様変更および販売終了の場合がありますのでご了承ください）

staff

構成……浅沼亨子
ブックデザイン……葉田いづみ
カバーデザイン……米谷テツヤ(PASS)
DTP……富宗治
写真……中島千絵美、田中由美子(P128)
イラスト……田中由美子
間取り図……アトリエ・プラン

※本書でご紹介したものはすべて著者の私物です。現在は手に入らない場合もありますので、ご了承ください。
※家事や収納方法を取り入れる場合は、安全性や有用性を十分に検討し、個々の判断で行なってください。

本書は『ごきげん家しごと』(2016年小社刊)を再編集し、文庫化したものです。本書の記載は2016年の情報に基づいております。

マイナビ文庫

家時間が楽しくなる
ラク家事のアイデア帳

2023年6月25日　初版第1刷発行

著　者　　田中由美子
発行者　　角竹輝紀
発行所　　株式会社マイナビ出版
〒101-0003　東京都千代田区
一ツ橋2-6-3 一ツ橋ビル 2F
TEL　0480-38-6872(注文専用ダイヤル)
TEL　03-3556-2731(販売部)
TEL　03-3556-2735(編集部)
URL https://book.mynavi.jp
印刷・製本　中央精版印刷株式会社

ISBN 978-4-8399-8324-6